『十四五』国家重点图书
国家重大出版工程

中国国家人文地理

甘肃

张掖

《中国国家人文地理》编委会 编

中国地图出版社·北京

国家出版基金项目
NATIONAL PUBLICATION FOUNDATION

图书在版编目（CIP）数据

张掖 / 《中国国家人文地理》编委会编．-- 北京 ：中国地图出版社，2024．6．--（中国国家人文地理）．ISBN 978-7-5204-4120-9

Ⅰ．K924.23

中国国家版本馆 CIP 数据核字第 2024KS8408 号

张掖（中国国家人文地理）

ZHANGYE（ZHONGGUO GUOJIA RENWEN DILI）

出版发行	中国地图出版社		
社　　址	北京市白纸坊西街3号	邮政编码	100054
电　　话	010-83543926	网　　址	www.sinomaps.com
印　　刷	河北环京美印刷有限公司	经　　销	新华书店
成品规格	185mm×250mm	印　　张	16.5
字　　数	256千字		
版　　次	2024年6月第1版	印　　次	2024年6月第1次印刷
定　　价	158.00元		

书　　号　ISBN 978-7-5204-4120-9

审 图 号　GS京（2024）0927号

中国国家
人文地理

《中国国家人文地理》编辑委员会

《中国国家人文地理·张掖》编辑委员会

《中国国家人文地理》编辑部

《中国国家人文地理·张掖》编辑部

目录

1 总序
3 序
8 张掖名片
8 丝路明珠
10 彩虹张掖
12 塞上江南
14 种业高地

001 张掖概况
002 地理位置
002 行政区划
002 地形地貌
004 气候
005 人口
006 经济
008 矿产资源
008 生物资源
008 交通
009 生态环境

011 张掖史话

014 史前文明

018 张国臂掖

024 魏晋风华

026 万国咸宾

028 盛唐气象

032 九边重镇

036 府城遗韵

039 红色篇章

040 西路军征战张掖

054 抗日战争中的张掖

058 张掖解放

060 艾黎与山丹

065 人文名胜

066 时空记忆

074 古刹名寺

088 岩画石刻

094 特色村镇

101 山水田园

102 地质遗迹

110 雄奇名山

118 悠悠河流
130 壮美草原
136 雪山冰川
142 休闲胜地

157 文化遗珍
158 丝路文化
162 民族文化
166 游牧文化
168 农耕文化
172 边塞文化
174 长城文化

181 民俗风物
182 “非遗”明珠
202 张掖物产
206 舌尖美食

217 发展成就
218 经济实力持续提升
220 民生福祉不断增进
221 文化建设硕果累累
222 生态底色更加亮丽

225 城市蓝图

226 实施绿色发展战略，筑牢西部生态安全屏障

228 坚持创新发展战略，着力构建现代产业体系

230 推进开放发展战略，全力打造区域发展高地

231 推行融合发展战略，推动城乡发展提质增效

232 实施协调发展战略，努力实现全民共同富裕

234 附录

总 序

《周易》曰:“观乎人文，以化成天下”“仰以观于天文，俯以察于地理，是故知幽明之故”。察地理、观人文，体现的是中华民族对自然环境和社会人文的关注，是道法自然与教化天下的情怀。

中华民族有 5000 多年连绵不断的文明史，而承载中国历史文化的地理空间是广袤复杂的。在一个辽阔的地域上，由于地理环境、人群构成、社会历史发展进程的不同，自然、经济、人文、社会等诸方面存在着明显的地域差异，也孕育了不同特质、各具特色的地域景观。

中国是一个统一的多民族国家，中华文化是丰富多彩又浑然一体的文化。一方水土养一方人，一方水土孕育一方文化，一方文化影响一方经济、造就一方社会。不同个性特质、各具鲜明特色的地域文化，不仅是源远流长的中华文化的有机组成部分，也是中华民族的宝贵财富。地域文化的发展既是地域经济社会发展不可忽视的重要组成部分，又是地方经济社会发展的窗口和品牌，已成为增强地域经济竞争能力和推动社会快速发展的重要力量。

这套《中国国家人文地理》丛书，以地级行政区域为地理单位，从时间和空间两个维度，以历史为线索，以地理为载体，权威、立体、详细地展现地域的历史文化、人文资源、地理国情、生态环境以及经济社会发展，并归纳提炼出特色地域文化，打造城市名片，可以称得上是一部区域的“百科全书”，对提升城市软实力，扩大对外影响力，助推地方经济和社会发展具有重要意义。其实，这套丛书的意义远远超出地理区域，它展示和讲述的虽然只是一个个具体的局部，但它为人们提供了一个个不同的视角、一个个不同的出发地，让人们多角度地去认识一个多元一体化的伟大国度，从而生动具体地领略它的包容博大、多姿多彩、生机勃勃。正因为如此，这套丛书绝非地域推介的集成，而是一套从个性出发，了解我们国家全貌、民族完整历史的教科书。丛书将文字、图片、地图、信息图表相融合的设计，为传统的图书注入了新的视觉体验，以雅俗共赏的方式将中华文化和各地人文地理的精华呈现给社会大众，为读者带来了一份精彩的文化大餐。

这套丛书从策划到执行，都得到了中央、国家有关部委和地方各级政府的大力支持，并已列入“十三五”“十四五”时期国家重点出版物出版专项规划和国家重大出版工程，这体现了国家对它的认可和重视。丛书的出版，必将充分发挥出版记录历史、传承文明、宣传真理、普及科学、资政育人的功能，为弘扬中华优秀传统文化，增强中华文化软实力，扩大中华文化影响力，建设社会主义文化强国作出重要贡献，并为中华文化走出去提供助力。

编撰《中国国家人文地理》丛书是新时代文化领域的一件大事。因此，我欣然为这套丛书作序，并相信全国将会有更多的城市陆续参与到这一大型图书工程中来，共同讲好中国故事，传播好中国声音，凝聚中国力量，建设美丽中国，为中华文化增色添彩。

第十一届全国政协副主席

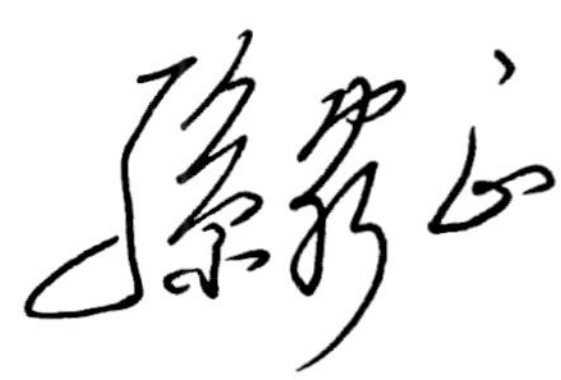

序

张掖地处青藏高原和内蒙古高原交会处、河西走廊中部，西汉时因“张国臂掖，以通西域”而得名，历史上又被称为“甘州”。张掖古为丝绸之路（简称“丝路”）上的商贾重镇和咽喉要道，素有“塞上江南”“金张掖”之美誉。

张掖历史悠久。早在5000多年前，这里就有人类活动；约4200年前，已有东西方文化交流印记。战国及秦时期，张掖为乌孙、月氏地。西汉建元三年（公元前138年），张骞出使西域时在张掖被匈奴捕获，滞留匈奴10年之久；西汉元狩二年（公元前121年），霍去病在此书写大败匈奴的历史，自此以张掖为中心的河西走廊成为中原伸向西域的臂膀。魏晋时期，以郭荷为代表的中原、关中世家大族在此传承和发扬儒家文化，为隋唐文化盛世奠定了基础。十六国时期，北凉在张掖建都；北朝时期，张掖始改称“甘州”，自此“张掖”“甘州”之名交替沿用。隋时，隋炀帝在焉支山下召见西域27国使臣，举行“万国博览会”，开世博会之先河。唐时，置河西节度副使，治甘州，甘州刺史李汉通主持种植水稻，使张掖成为当时河西走廊唯一种植水稻的地区。五代时，河西地为回鹘、党项分占。宋、金时，为西夏宣化府和甘肃军司驻地。元时，为甘肃等处行中书省省会，统河西诸郡。明时，置陕西行都指挥使司，治甘州，肃王朱楧就藩甘州。清时，设甘州府，为甘肃提督统军驻地，节制凉州、肃州、西宁、宁夏四镇总兵。1936年年底，2万多名中国工农红军西路军将士在此奋战近120天，次年2月河西地区第一个地方党组织——中共甘州中心县委在张掖成立，为中国革命建立了不朽功勋。

张掖山清水秀。绵延1000多千米的祁连山一半在张掖境内，全国第二大内陆河——黑河穿市境而过，孕育了河西走廊最大的绿洲。张掖拥有祁连山和黑河湿地两个国家级自然保护区，呈现出“不望祁连山顶雪，错将张掖认江南”的别样风情，是国家“两屏三带”生态安全屏障重点区域。境内的祁连山水源涵养区、黑河绿洲、荒漠戈壁三大生态系统交错衔接，人们在这里既能体验大漠孤烟、长河落日之壮美，又能品味塞上江南、戈壁水乡之温婉。2019年，张掖获评国家生态文明建设示范市，2022年入选全国首批区域再生水循环利用试点城市。

张掖文化厚重。历史上匈奴、回鹘等数十个民族在这里繁衍生息，中原文化和西域风情在这里碰撞交织，农耕文明和游牧文明在这里交融互鉴，逐步形成张掖兼收并蓄、融合发展的地域文化特色。居延汉简出土于汉代张掖郡居延县境内（今内蒙古自治区阿拉善盟额济纳旗境内），与殷商甲骨文、敦煌遗书、明清内阁大库档案被誉为“二十世纪初中国古文献四大发现”；亚洲最大的室内泥塑卧佛、全国最大的“西夏国寺”——大佛寺、世界第一大军马场——山丹军马场、国内保存最完整的汉明长城等历史遗迹，处处彰显着张掖独特浓郁的人文气息；八声甘州等词曲牌名，宝卷（河西宝卷）、甘州小调等民间说唱艺术，邵家班杖头木偶戏、皮影戏、甘州社火、山丹烙画、甘州黄河灯阵等民俗艺术，分别被列入国家级、省级、市级非物质文化遗产代表性项目名录，展现着张掖民俗文化的独特魅力和生生不息的文化传承。

张掖色彩斑斓。这里汇聚了除海洋和岛屿之外的所有自然景观，洁白的冰川雪山、蓊郁的森林草原、绵延的河湖湿地、多彩的丹霞丘陵、茫茫的大漠戈壁……大地的鬼斧神工造就了彩虹张掖奇绝无比的自然景观。七彩丹霞被誉为“上帝打翻的调色盘”“中国最美彩虹山”，平山湖大峡谷获赞“媲美科罗拉多大峡谷”的丝路景观新发现，祁连山大草原获评中国最美六大草原之一，这些以及紧邻城市的张掖国家湿地公园等诸多景观，都标识着张掖的唯美与独特。张掖先后荣获国家历史文化名城、中国优秀旅游城市、全国旅游标准化示范市、国家文化和旅游消费试点城市等多项殊荣。

张掖资源富集。张掖地处全国19个重点成矿区（带）之一，已探明坡缕石黏土储量约占全国的63%，可开发利用的清洁能源达9700万千瓦以上，煤、铁、钨钼、硅石、芒硝等资源储量丰富，是河西走廊特大型清洁能源基地的重要组成部分和甘肃省绿氢生产及综合利用先行示范区。张掖地处“北纬38度”全球最佳农业产业带，光、热、水、土资源充沛，农产品品质优良，是天然的绿色大农场、有机大牧场，自古就享有“河西粮仓”“桑麻之地”“鱼米之乡”等诸多美誉，现在全国每两粒玉米种子中就有一粒来自张掖。张掖因此成为国家现代农业示范区、全国最大的玉米制种基地、全国第六大蔬菜供应基地，先后荣获全国“十佳最具绿色投资价值城市”“十大最具投资吸引力城市”“浙商最佳投资城市”等称号。

迈上现代化新征程的“金张掖”，坚持把国家所需、张掖所能、群众所盼、未来所向有机结合起来，聚焦筑牢守好国家西部生态安全屏障、培育全国现代种业发展高地、建设国家重要综合能源基地、打造国际知名旅游目的地“一屏三地”功能定位，坚定承担在全国、全省发展大局中生态安全、能源安全、粮食和种子安全、战略通道安全的使命任务，正在聚力打造综合能源及装备制造、新材料等战略性新兴产业，全力构建千亿级新能源产业体系，培育壮大现代种业、绿色蔬菜、肉牛产业、优质奶业、戈壁节水生态农业等百亿级产业集群，加快建设以“一高地四区”（全国知名、西北一流现代寒旱特色农业高地，宜居宜业、大美绿洲西北乡村建设引领区，乡风文明、和谐陇原西北善治和美乡村示范区，全国驰名、西北率先共同富裕实践区，全国闻名、西北领先农村改革试验区）为目标的全省乡村振兴示范区，积极创建世界级旅游目的地、国家全域旅游示范区，着力打造全国自然保护区生态环境整改整治的“研究生版教科书”“国家级博物馆”和新时代全国节水型社会新标杆，建设全国生态文明建设典范城市，努力以新气象、新作为推动高质量发展，奋力谱写中国式现代化张掖实践新篇章。

《中国国家人文地理 · 张掖》是“彩虹张掖”向全世界发出的邀约，请朋友们来张掖走一走、看一看，领略张掖传承千年的历史文化，欣赏张掖壮丽奇绝的自然景观，品味张掖多姿多彩的民俗文化，感受张掖蓬勃发展的时代风采，在“彩虹张掖”邂逅精彩瞬间，走向美好未来。

《中国国家人文地理 · 张掖》编辑委员会

2024 年 6 月

张掖名片

丝路明珠

从霍去病两次出征河西，到汉武帝取『张国臂掖，以通西域』之意置张掖郡；从张骞两次出使西域『凿通』丝绸之路，到隋炀帝的『万国』会盟；从玄奘西天取经、元代的行省初设到明代设九边重镇，古丝绸之路南、北、中三条线路的交会，张掖一直是国家政治经略、民族融合、文化交融、经贸往来的战略通道。

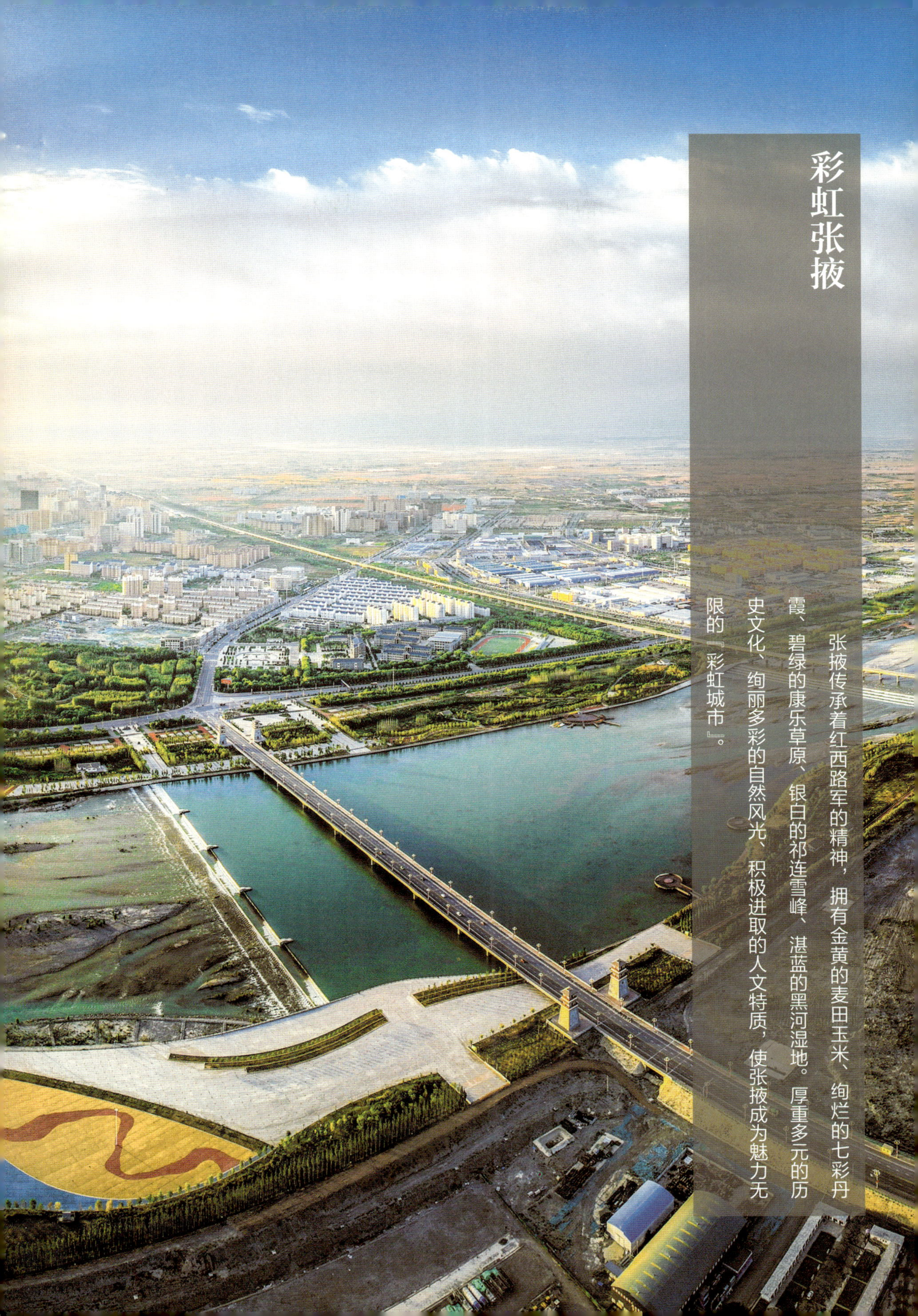

彩虹张掖

张掖传承着红西路军的精神，拥有金黄的麦田玉米、绚烂的七彩丹霞、碧绿的康乐草原、银白的祁连雪峰、湛蓝的黑河湿地。厚重多元的历史文化、绚丽多彩的自然风光、积极进取的人文特质，使张掖成为魅力无限的『彩虹城市』。

塞上江南

『不望祁连山顶雪，错将张掖认江南』。张掖坐拥祁连山、黑河湿地两个国家级自然保护区，境内水源涵养区、黑河绿洲、荒漠戈壁三大生态系统交错衔接，雪山冰川、森林草原、七彩丹霞、田畴沃野、河流湿地、荒漠沙丘等地貌交相辉映，美不胜收。

种业高地

『金张掖』之金在农业，张掖古时就是桑麻之地、河西粮仓，北纬三十八度优越的地理位置使其成为天然的育种宝库。张掖的玉米、蔬菜、花卉等多元化农作物种业体系不断发展壮大，杂交玉米和春油菜种子产量占全国产量的一半，国内每两粒玉米种子中就有一粒来自张掖，张掖因此成为全国最大的杂交玉米种子生产加工基地。

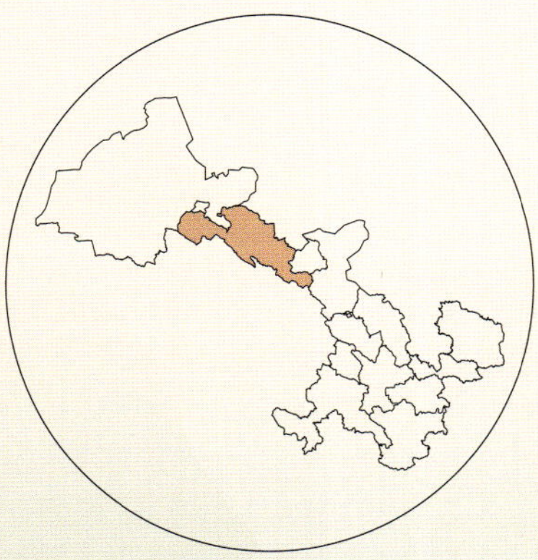

张掖市在甘肃省的位置示意图

甘肃省在中国的位置示意图

张掖概况

地理位置
行政区划
地形地貌
气候
人口
经济
矿产资源
生物资源
交通
生态环境

地理位置

张掖市面积为 40826 平方千米，约占甘肃省面积的 9.4%

张掖市地处河西走廊中部，位于东经 97° 20′ ~ 102° 12′、北纬 37° 28′ ~ 39° 57′。张掖市南依祁连山脉，与青海省海北藏族自治州门源县、祁连县毗邻；北望巴丹吉林沙漠，与内蒙古自治区额济纳旗和阿拉善右旗接壤；东靠武威市、金昌市；西连嘉峪关市、酒泉市。

行政区划

张掖市下辖甘州区、临泽县、高台县、山丹县、民乐县、肃南裕固族自治县（简称“肃南”“肃南县”），市政府驻甘州区。

地形地貌

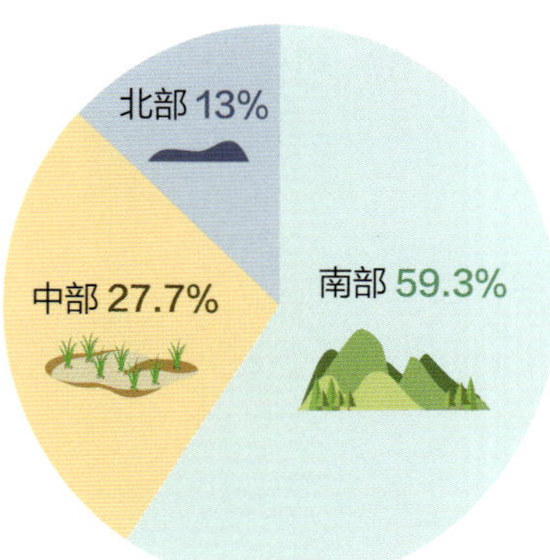

张掖市地形地貌三大区域占比

张掖市位于我国地势第二级阶梯中心区域内、青藏高原与内蒙古高原交会处，境内地势东南高西北低，自南向北分为三大区域：南部祁连山横亘，山脉连绵；中部平原广袤，地势平坦，绿洲、河流、沙漠、戈壁相间；北部东侧有龙首山、西侧有合黎山，整体地势平缓低矮，多裸露山岩。

张掖市行政区划示意图

金色田园

气候

张掖 气候特点

四季分明，夏季短而酷热，冬季长而严寒，昼夜温差大

张掖市地处我国中纬度大陆腹地，因境内海拔不同，各地水热条件差异显著。受大气环流和青藏高原、内蒙古高原的影响，境内祁连山区域属高寒半湿润、湿润气候区，其余大部分地区属温带干旱气候区。全市降水时空分布不均，光照充足，是我国风能资源比较丰富的地区之一。

人口

截至 2023 年年末，张掖市的常住人口为 110.46 万人，其中城镇人口为 60.60 万人，乡村人口为 49.86 万人。张掖市境内生活着 38 个民族的同胞，其中少数民族人口为 3.08 万人。

裕固族大家庭

经济

2023 年 GDP 608.01 亿元

2023 年，张掖市实现 GDP 608.01 亿元，按不变价格计算，比上年增长 5.5%。其中，第一产业增加值 178.36 亿元，同比增长 6%；第二产业增加值 119.55 亿元，同比增长 1%；第三产业增加值 310.1 亿元，同比增长 6.7%。

甘州区前进牧业现代化车间

农业

张掖市拥有优越的农业资源和悠久的农业开发历史，是全国最大的杂交玉米种子和春油菜生产基地，已建成全国排名第六位的蔬菜供应基地，享有“河西粮仓”“桑麻之地”“鱼米之乡”等美誉。

工业和建筑业

张掖市工业发展势头良好，综合能源、新材料、农畜产品精深加工、精细化工、煤炭开采和新型煤化工、智能制造和数据信息六大工业产业集群正加快构建。2023 年，张掖全部工业增加值比上年增长 4.1%，规模以上工业增加值增长 6.4%。

2023 年全年建筑业增加值 41.95 亿元，比上年下降 3.5%。截至 2023 年年末，具有资质的总承包和专业承包建筑业企业有 365 户，比上年年末增加 22 户。

张掖市 2023 年
三次产业结构比例

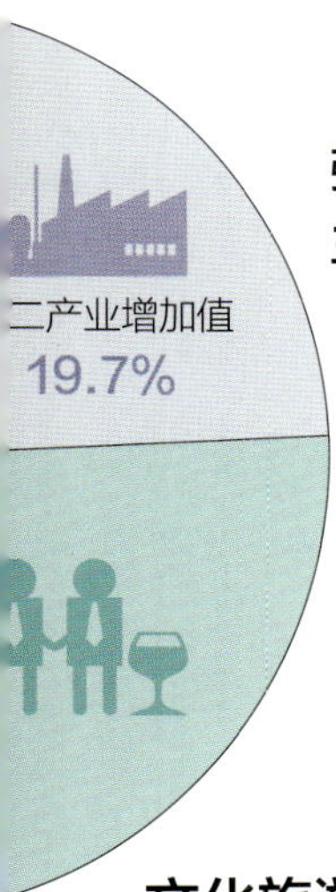

2023 年规模以上工业企业利润

文化旅游业

张掖市文化积淀深厚，人文景观丰富，是国家历史文化名城、中国优秀旅游城市、全国旅游标准化示范市和国家公共文化服务体系示范区，汇聚了除海洋和岛屿之外的所有自然景观，已建成联合国教科文组织认定的世界地质公园 1 家、国家 4A 级及以上景区 22 家，其中，七彩丹霞旅游景区是国家 5A 级旅游景区。全市建成各类博物馆、纪念馆（展览馆）107 座，其中 91 座入选甘肃省历史再现工程名录，该类数量位居全省第一。

矿产资源

探明矿产 33 种

张掖市地处祁连山成矿带，现已探明矿产 33 种，坡缕石黏土、钨钼、硅石、芒硝等资源量较大，其中坡缕石黏土推断资源量为 13.5 亿吨，约占全国的 63%，钨钼资源量居全国前列。张掖市能源资源富集，可用于风光电项目的区域为 2542 平方千米，是河西走廊清洁能源基地的重要组成部分。

生物资源

野生动物

张掖市境内生物资源丰富，有野生脊椎动物 285 种，其中，有 59 种国家重点保护野生动物，包括雪豹、藏野驴、普氏野马、马麝、白唇鹿、棕熊、黑鹳、金雕、大天鹅等；有高等植物 1044 种。

菌类资源是张掖市实行保护性开发利用的重要经济资源，其中锈口菇、花盖菇、大白菇、双孢菇、草菇、金针菇等食用菌产量丰富。

交通

交通便利

张掖市地处甘、青、内蒙古三省（区）交界处，连霍高速、兰新铁路、兰新高铁和国道 312 线、227 线贯穿全境，航班可达北京、上海、广州、成都、武汉、西安、兰州等十多个城市。

张掖市区位优势明显，战略地位重要，是丝绸之路经济带上的重要节点城市、西北重要综合交通枢纽城市，也是国际重要通道——新亚欧大陆桥和中欧班列西部通道的必经之地。

生态环境

张掖市位于国家“两屏三带”主体功能核心区内，是国家生态文明建设示范市，拥有祁连山和黑河湿地两个国家级自然保护区，在维护国家西部生态安全中承担着重要的使命。

国家级自然保护区

兰新高铁列车从民乐民联古烽燧边疾驰而过，古丝绸之路焕发新颜

张掖史话

史前文明
张国臂掖
魏晋风华
万国咸宾
盛唐气象
九边重镇
府城遗韵

张掖历史沿革图

玉雕纹钮

战国及秦

- 为乌孙、月氏地

西汉

- 初为匈奴右部浑邪王地
- 元狩二年（公元前一二一年），霍去病于春、夏两次出征河西，均获大捷，河西走廊自此被纳入西汉版图
- 元鼎六年（公元前一一一年），置张掖郡

曹魏

- 黄初元年（二二〇年）五月，复置凉州，对河西地区进行统治管理

南北朝十六国

- 东晋隆安元年（三九七年），沮渠蒙逊起兵反抗后凉吕光，拥戴建康太守段业为大都督、建康公，建都建康（今张掖高台县骆驼城）
- 东晋隆安五年（四〇一年）六月，沮渠蒙逊夺取北凉统治权，建都张掖
- 西魏废帝三年（五五四年），张掖改称『甘州』

隋

- 大业三年（六〇七年），隋炀帝派吏部侍郎裴矩驻张掖管理与西域各国的互市贸易，其间裴矩编纂完成《西域图记》
- 大业五年（六〇九年），隋炀帝西巡至张掖，在焉支山下诏见西域二十七国使臣

鼓楼

唐

- 张掖商旅不绝，贸易兴隆。甘州城设市令与市丞，负责管理市场贸易与掌判市事
- 咸通十三年（八七二年），回鹘占领张掖，在甘州设牙帐

北宋

- 建隆二年（九六一年）始，回鹘以朝贡方式每年进献马匹到开封，北宋以茶回赠，逐渐形成茶马互市
- 天圣六年（一〇二八年），党项李元昊攻占甘、凉二州，在甘州置宣化府
- 元符元年（一〇九八年），李乾顺建卧佛寺于甘州城内西南隅

金塔寺石窟

元

- 至元元年（一二六四年），朝廷在张掖置甘肃路总管府
- 至元十八年（一二八一年），朝廷取甘州、肃州首字，置甘肃等处行中书省，此系甘肃设省之始

明

- 洪武二十六年（一三九三年），朝廷置陕西行都指挥使司，治甘州
- 洪武二十八年（一三九五年），肃王朱楧就藩甘州

清

- 雍正二年（一七二四年），朝廷裁行都司，改置甘州府，属甘肃省

云雷纹铜盉

民国

- 一九三七年二月下旬，中共甘州中心县委成立

中华人民共和国

- 一九四九年九月二十四日，张掖全境解放

铜弩机

武威 兰州 西宁 天水 西安

史前文明

史前时代亚欧大陆东西方文化交流的历史历来为该领域学者所关注。东灰山、西城驿遗址的发现证实，张掖东西方文化交流始于距今5000—3000年，最早的东西方交流可能是伴随原始社会人类迁徙开始的。河西走廊是丝绸之路的咽喉，是史前时代东西交流最重要的通道，

张掖境内远古文化与历史王朝的时序对照

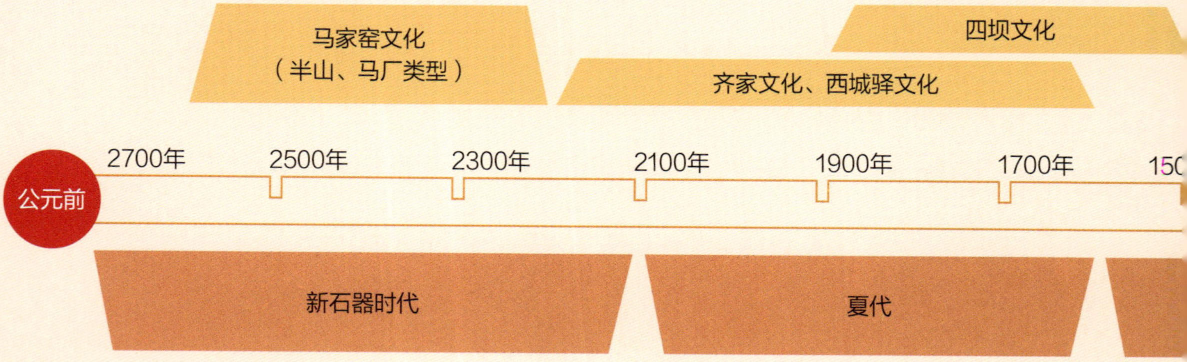

特殊的地理位置使其成为东西方文化元素最早碰撞和融合的地区之一。

张掖民乐东灰山遗址出土的炭化普通小麦和密穗小麦颗粒，经中国和澳大利亚的环境学者研究校正，其年代为距今3829—3488年，属于四坝文化时期。

张掖甘州区明永镇东北部的西城驿遗址，是全国重点文物保护单位黑水国遗址的重要组成部分。西城驿遗址占地面积约为35万平方米，东南距黑水国南城遗址2.5千米。2019年之前，西城驿遗址发掘面积达5100平方米，工作人员清理房址、墓葬、灰坑、灰沟、墙体及红烧面等共929处，出土陶器、石器、骨器、铜器、玉器、冶金遗物、动植物标本等2000余件（组）。

2010年起，甘肃省文物考古研究所、中国社会科学院考古研究所、北京科技大学等单位联合对西城驿遗址进行了为期8年的考古发掘。大量炭化小麦、大麦、小米等出土，且出土层位更加清晰、数量更大、年代更早。这一发现进一步佐证了这些作物至少在距今4000年

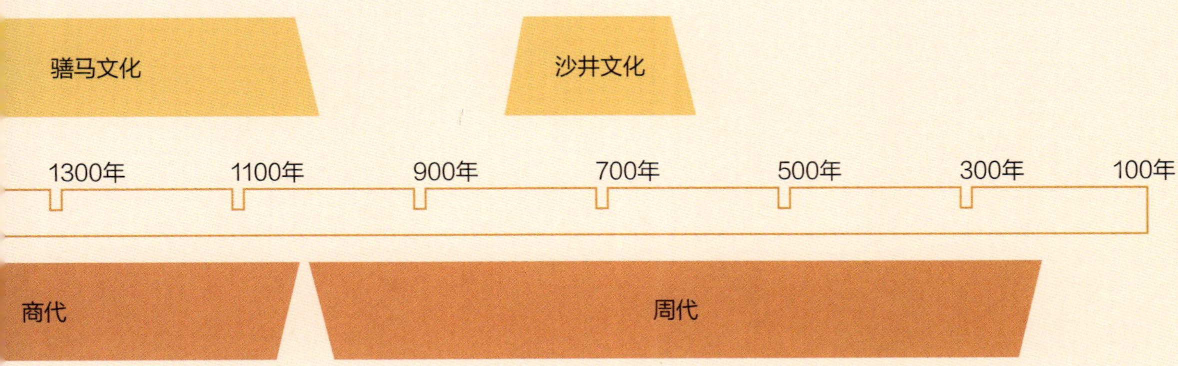

左右，已由西亚传播至河西走廊的张掖地区，西城驿已形成相对成熟的农业生产规模。小麦和大麦这两种外来农作物的传播路线一直是中国考古界极为关注的问题，张掖东灰山和西城驿遗址出土的数量可观的炭化大麦、小麦，为这方面的研究提供了极其珍贵的实物资料。

研究表明，西城驿遗址属新石器时代晚期至青铜时代，历史上该聚落生活着两类人群，即马厂—西城驿—四坝人群和齐家人群。生活

东灰山遗址出土的文物

双耳彩陶壶

四耳带盖彩陶罐

双耳双錾彩陶罐

在这里的先民主要从事旱作农业，兼饲养动物，能够制作陶器、石器、骨器、玉器、青铜器，与周边区域交往频繁。西城驿遗址的房址有半地穴式建筑、地面立柱建筑、地面土坯建筑三类。其中地面土坯建筑是目前发现的西北地区年代最早的土坯建筑，且不同于我国东部的土坯建筑，其吸取了中亚的土坯建筑形式，又结合了本土的土墙建造技术，形成了双重技术系统，呈现了“中西合璧”的特点。

西城驿文化考古现场

张国臂掖

春秋战国至西汉初期，张掖地区居住着乌孙、月氏、匈奴等以游牧为主的少数民族。起初乌孙与月氏和平共处，分东西居于河西走廊。但好景不长，两方开战，乌孙战败，被月氏攻杀，乌孙遂离开了河西，投靠并依附于北方的匈奴。月氏人占领张掖地区，但这样的局面并没有维持多长时间，月氏又被迅速强大起来的匈奴打败，继而退出河西走廊西迁。张掖地区成为匈奴右部浑邪王（一作昆邪王）地。

西汉建元三年（公元前 138 年），汉武帝派张骞第一次出使西域，欲联络大月氏夹击匈奴。张骞用漫长的十三年完成了自己的出使行程，虽然汉武帝远交近攻的目的没有达到，但张骞以自己的生命为赌注，走出了一条由长安到阿姆河流域这条贯通亚欧的道路。他带回的中亚政治形势、民族分布等方面的重要信息，增强了汉王朝通商西域的信心。汉武帝决定以武力征服匈奴。

元狩二年（公元前 121 年）春，霍去病率领一万骑兵，出陇西，经扁都口进入张掖，“过焉支山千有余里”，突击匈奴，大获全胜；夏季，汉武帝又派张骞、李广出兵牵制匈奴左部，霍去病则从今庆阳西北出发，经银川平原沿黄河向北，自今内蒙古巴彦淖尔市磴口县巴彦高勒镇西北保尔浩特古城，出鸡鹿塞，再向西北行至居延，然后逆弱水（黑河）挥师南下进入张掖，扬武觻得（古县名，今张掖市甘州区西北）；秋季，匈奴浑邪王杀休屠王，率众四万余人（号称十万）降汉。河西走廊自此被纳入大汉版图。

霍去病河西之战油画

元狩四年（公元前119年），张骞对汉武帝说：“臣居匈奴中，闻乌孙王号昆莫。昆莫父难兜靡本与大月氏具在祁连敦煌间，小国也。大月氏攻杀难兜靡，夺其地，人民亡走匈奴。”汉武帝欲请乌孙回到河西走廊，以属国制治理河西走廊，遂有了张骞第二次出使西域。此次出使西域的目的具有多重性，其中最重要的目的就是说服乌孙国返回河西走廊，与汉朝一起抗击匈奴，未果；其二则分遣副使持节前往大宛、康居、月氏、大夏等西域各国，进行贸易交流，为丝绸之路的进一步畅通创造条件。

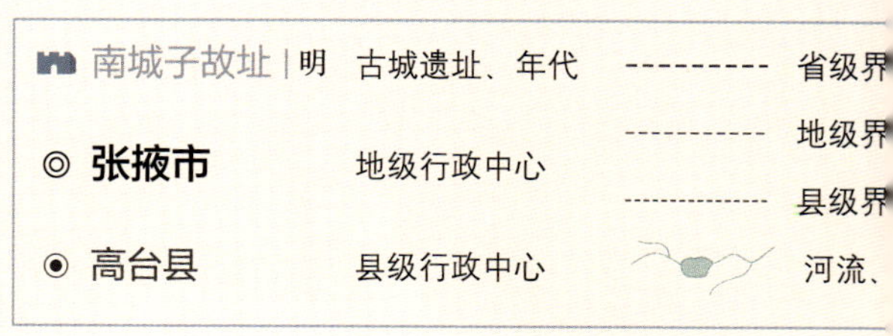

元鼎二年（公元前115年），汉武帝决定以郡县制直接管辖河西走廊，于是置酒泉郡，治觻得县。元鼎六年（公元前111年），在酒泉郡西分置敦煌郡；在酒泉郡东分置张掖郡，治张掖县（在今武威境内）。宣帝地节三年（公元前67年），析张掖郡分置武威郡，郡治武威县（今民勤县东北）。元帝建昭三年（公元前36年），西汉王朝在今永昌县南设置骊靬县后，三郡地域大调整。酒泉郡治由觻得县移

张掖市古城遗址分布图

治禄福县（今酒泉市肃州区），张掖郡治由张掖县移治觻得县，武威郡治由武威县移治姑臧县（今武威市凉州区）。调整后的张掖郡将张掖县留给了武威郡，张掖郡辖觻得、昭武、删丹、氐池、屋兰、日勒、骊靬、番和、居延、显美10县。

东汉四灵神兽画像砖

东汉陶仓楼

汉代铜弩机

新始建国元年（公元9年），张掖郡改名设屏郡，觻得改名官式，昭武改名渠武，氐池改名否武，屋兰改名传武，日勒改名勒治，骊靬改名揭虏，番和改名罗虏，居延改名居城，删丹、显美不变。随着移民实边政策和河西屯田的不断实施，中原农耕人的视野投向了更广阔的世界。

东汉初，“时天下扰乱，惟河西独安”。光武帝建武元年（公元25年），张掖属国都尉窦融被酒泉、张掖、武威、敦煌、金城五郡太守推为河西五郡大将军。窦融为政宽和，在他的苦心经营下，河西“仓库有蓄，民庶殷富”。建武五年（公元29年），窦融以河西五郡归附东汉。永元九年（公元97年），班超派遣甘英出使大秦（今地中海地区），到达条支（今伊拉克境内）和安息（今伊朗境内），最远抵今波

始建于汉代的许三湾城及墓群（汉—唐，全国重点文物保护单位）

斯湾沿岸，甘英是史书所记载到达波斯湾的第一个中国人。伴随着丝绸之路的贯通，中原地区的丝绸、瓷器、漆器、茶叶等经张掖传入西方，而欧洲和中亚、西亚地区的石榴、胡麻（芝麻）、胡瓜（黄瓜）、胡萝卜、胡桃（核桃）、葡萄、苜蓿、琥珀等又经张掖传到中原地区。同时，借助丝绸之路，以佛教为主的宗教也逐步传入河西走廊。

两汉时期，汉王朝通过修筑长城、徙民实边、兴修水利、开垦屯田经营河西走廊，从张掖郡觻得县到酒泉郡乐涫县（今高台骆驼城）的千金渠，即开凿于此时期。居延汉简翔实记载了两汉时期张掖郡所辖居延县的居延都尉、肩水都尉戍边屯田的日常生活，以及人们往来于西域、中原的贸易情况。

魏晋风华

魏文帝黄初元年（220 年），复置凉州，张掖郡属凉州管辖。魏明帝太和二年（228 年），徐邈出任凉州刺史。他在河西“广开水田，募贫民佃之，家家丰足，仓库盈溢”；兴办学校，发展教育；“禁厚葬，断淫祀”，改革陋习。西晋惠帝永宁元年（301 年），张轨任凉州刺史。来到河西后，张轨平定叛乱，安置流民，稳定政局，多有建树。

永嘉之乱后，中原之士多慕张轨之名避乱河西。以郭荷为代表的中原及关中世家大族，就是在这段时期来到张掖的。在张掖，郭荷、郭瑀等大儒积极推动儒家文化的传播和发展。他们先后隐居张掖东山、临松薤谷，收徒讲学，在兴理文教、编修国史、制定礼仪等方面作出了突出贡献，中华传统文化在河西得以传承。在郭荷师徒三代的影响下，河西从师求教之风浓厚，为隋唐时期河西文化的繁荣奠定了基础。中原人还将先进的农耕技术和生产方式带到张掖，加快了农耕文明与草原文明（游牧文明）的融合。高台县魏晋墓出土的大量画像砖，真实呈现了当时张掖人民安居乐业的生产、生活场景。

后来，张氏一族以姑臧（今武威市凉州区）为都城建立了前凉政权。前凉政权对后凉、南凉、北凉、西凉、北魏、东魏、西魏、北齐、北周的政治、军事、宗教、建筑、艺术都有深远影响。五凉（前凉、后凉、南凉、北凉、西凉）时期，河西地区民族融合的步伐进一步加快。上层统治者无论是否是汉族，都尊崇儒学。

隆安五年（北凉永安元年，401 年），沮渠蒙逊取得北凉政权。沮渠氏为小月氏后裔，崇尚汉文化。迁都姑臧后，北凉于宋永初二年（北凉玄始十年，421 年）灭西凉，至此，北凉基本控制了高昌、楼兰等河西和西域多地，进入稳定期。张掖的金塔寺石窟、文殊山石窟均开凿于北凉时期，与古代西域龟兹和于阗两地的佛教遗迹有直接关系。沮渠蒙逊重用通晓法典的汉族人士治国，并在此基础上整顿内政。沮渠蒙逊执政时，提倡儒学，对“凉之旧臣”有才望者“咸礼而用之”，地理学家阚骃编纂了《十三州志》，大儒刘昞著《凉书》十卷、《敦煌实录》二十卷。

北魏元嘉十六年（北凉永和七年，439 年），北魏灭北凉，后将凉州的治所由武威迁至张掖。北魏孝明帝正光五年（524 年），正式在张掖置西凉州。西魏大统十二年（546 年），韩褒任西凉州刺史。他推行扶持贫民的政策，“悉募贫人，以充兵士”，并采取“优复其家，蠲免徭赋”的办法，减轻贫民的负担，对困难民户“又调富人财物以赈给之”，同时鼓励贫民发展生产，允许其经商营利。对贫民经商者，在货源上可以优先照顾，任其挑选。“每西域商货至，又先尽贫民市之”。于是，“贫富渐均，户口殷实”。由于生产发展，市场繁荣，商贩胡客齐来贸易。西凉州人口迅速增加，成为当时河西最富庶的地区，而且发展成为国际贸易都会，市场繁荣，交易兴旺。每逢佳节，百戏竞呈，十分热闹。直到隋时，它仍是西部的“交市”。

万国咸宾

进入隋代，西域诸国的商贾更加频繁地到张掖进行贸易，隋炀帝派吏部侍郎裴矩驻张掖掌管贸易事务。裴矩深知隋炀帝效仿大汉开疆拓土、经营西域的深谋远略，于是在张掖期间编纂了《西域图记》三卷，书中共录西域四十四国有关情况。入朝复命时，裴矩奏报隋炀帝：凭借着国家的威德、将士的骁勇，渡过汜水，翻越昆仑山，易如反掌；但是突厥、吐谷浑分别统辖着羌人、胡人的国家，因为他们的阻挡和限制，所以西域各国不能来朝贡献。如今，西域各国经由商人秘密送来表示愿意臣服的书信，翘首盼望成为隋的臣民。倘若降服他们，并加以安抚，就不必兴师动众，兵戈相见。隋炀帝听后非常高兴，赐裴矩五百缎帛，每日让他到御座旁介绍西域情况，更加坚定了开疆拓土、经略西域、畅通丝绸之路的决心。隋炀帝决定亲征吐谷浑，西巡张掖，任命裴矩为黄门侍郎，将筹划处理西域的事务都委托于他，再次命裴矩赴张掖招引西域各国商人来大隋，啖之以利，吸引他们到洛阳入朝觐见。

隋炀帝焉支山会见二十七国使节现代壁画

隋大业五年（609 年），隋炀帝亲征，将青海地区纳入中原王朝的版图；六月，隋炀帝率众翻越祁连山，出大斗拔谷（今扁都口），登临焉支山，参禅天地，会见高昌等西域二十七国使臣，举行“万国博览会”。史书记载，甘凉一带民众佩金玉、披锦罽，放声高歌，欢腾的队伍由张掖延至武威。隋炀帝登上观风行殿，九部乐章奏响，各国使节无不赞叹这一宏大的场面。此后，丝绸之路沿线商人的足迹遍布中亚、西亚、南亚、欧洲及新疆天山南北、河西走廊、中原、江南等地。至大业中，相继而来朝者有三十余国。隋末大乱，朝贡遂绝。

盛唐气象

由于隋代朝廷对汉人实施重农抑商政策，张掖大部分汉人放弃商贸活动，转向农业生产，于是粟特人逐渐在张掖定居，并迅速掌握了丝绸之路上的贸易主动权，进而垄断了河西走廊的商贸通道。其商业活动主要是从中原购买丝绸，从西域运来各种珍宝，如美玉、玛瑙、珍珠等。这些活动，促进了东西方的经济交往和文化交流，架起了不同文化交流互鉴的桥梁。

唐代是我国封建社会发展过程中的一个里程碑。丝绸之路的兴盛带来了经济发展、物质富足，进而催生出繁荣的文化。盛唐时期，张掖商贸繁荣，各类文化形式绽放光芒，其中音乐成就极高，甘州曲和凉州曲对我国音乐、舞蹈发展的影响十分深远。

自唐始，以“甘州”为名的曲牌名传遍大江南北。其中，最著名的当属曲乐悠扬的《八声甘州》。《八声甘州》是《教坊记》所记《甘州大曲》中的一支。自“甘州”曲牌下又演绎出多种小曲，如《甘州歌》《甘州破》《甘州遍》《甘州乐》等。甘州曲远传日本后，被称为

《甘州乐》或《甘州盐》。日本《古子美苑》中就收有唐代《甘州乐》。《新唐书·西域传》载："康国人嗜酒，好歌舞于道"。粟特人在往来于丝绸之路经商的同时，也成为西域文化传播的使者和歌舞技艺的传授者，"昭武九姓"中的石国人就以善胡旋舞而著称。一时间，丝绸之路上，驼铃一路，歌舞一程，驼铃、歌舞的交响，构成了多元文化的历史特色，粟特文明与中原文明在张掖交融，并一路传至长安、洛阳。

唐代张掖文学同样绚丽多彩。盛唐始，张掖籍大儒赵武孟和赵彦昭父子的文学造诣颇高，赵武孟著有《河西人物志》十卷（已佚）。赵彦昭从小受到良好的教育，后考取进士，官至中书门下平章事，并被封

唐代铜钟

为耿国公,《全唐诗》录其诗作廿一首。另外唐代著名诗人陈子昂、诗圣杜甫、诗仙李白、边塞诗人岑参，以及王维、温庭筠、韦应物、李贺、马云奇等，或亲历张掖，或思怀焉支，均有佳作留世。唐代张掖文化以其丰富的内容和独特的丰姿在历史长河中大放异彩。

张掖是丝绸之路上的商贾重镇，承载、汇集、沉淀了丰富的历史文化，多个民族的先祖在这里交往。张掖大佛寺博物馆馆藏的《黑水建

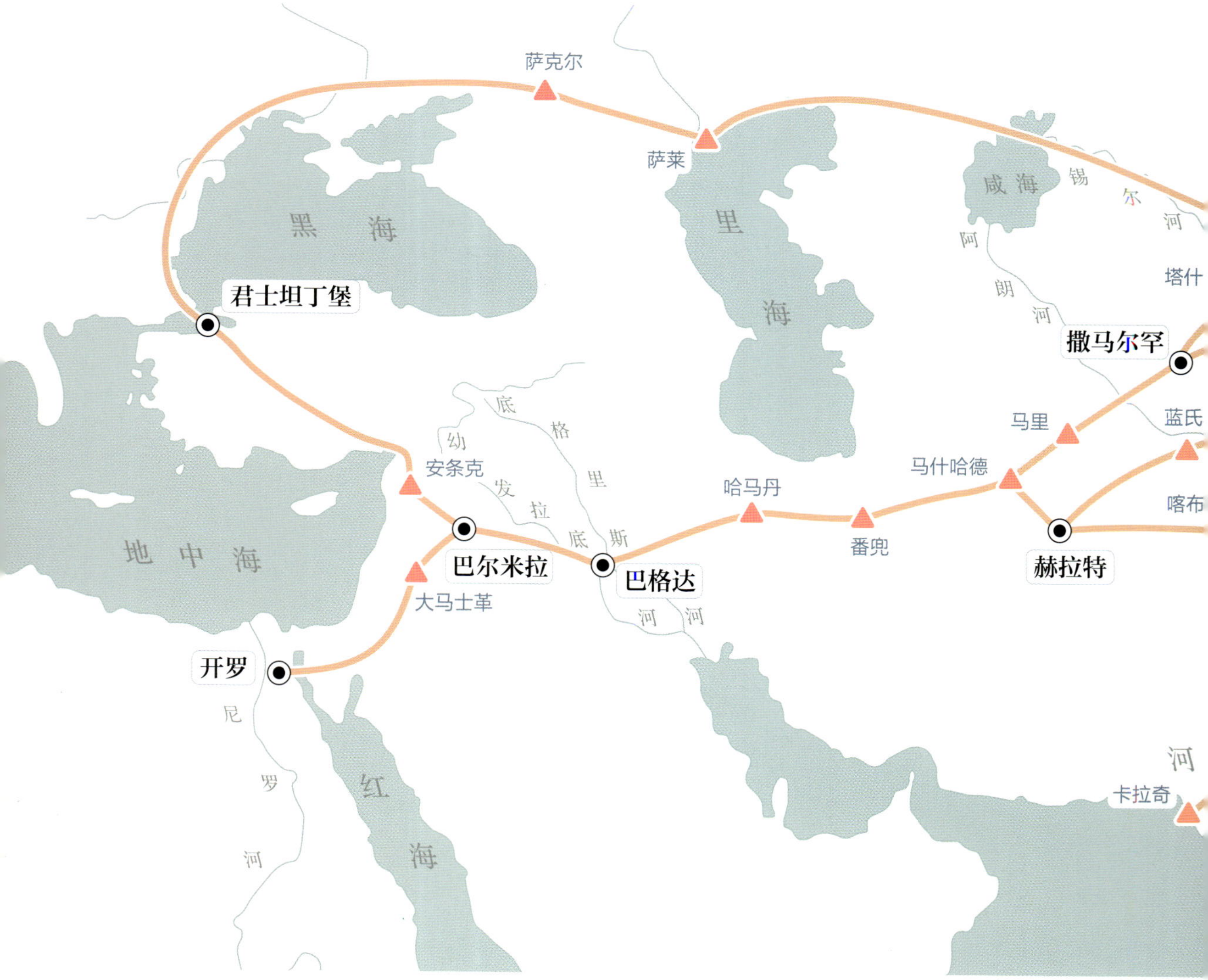

桥敕碑》（又名《黑河建桥敕碑》《黑水河桥敕碑》《西夏告黑水河诸神敕碑》）立于南宋淳熙三年（1176 年），是目前发现的唯一一方汉藏合文碑。此碑是为祭祀河神而立，碑文以汉文和古藏文刻成；碑阳为汉文正书，字迹圆熟秀丽；碑阴则是古藏文，正楷；碑无额，上部有飞天及佛像线刻四帧，周边装饰了线画体图案，都是莲花牵枝形状。碑末署“大夏乾祐七年岁次丙申九月二十五日立石”。

唐代丝绸之路示意图

九边重镇

明九边之中，甘肃镇位于最西端，其“夹以一线之路，孤悬两千里，西控西域，南隔羌戎，北遮胡虏”“近而藩垣四镇，远而纲领九边，通玉帛于天方，列毡庐于疆场，黄河、黑水、昆仑、崆峒际天极地，巍然一大镇也”。甘肃镇内外复杂的民族关系，使其在九边中更具特殊的军事和政治地位。

明洪武二十五年（1392 年），出于御边需要，朱元璋将汉王朱楧改封为肃王，命其就藩甘肃镇。同年，陕西行都指挥使司指挥宋晟扩建甘州城，修建肃王府。洪武二十六年（1393 年），陕西行都指挥使司自庄浪徙治甘州，领甘州五卫、凉州卫、镇番卫、西宁卫、肃州卫、山丹卫等十二卫，古浪所、高台所等三个守御千户所。洪武二十六年（1393 年）正月，因甘州肃王府尚在修建，肃王奉诏先暂驻平凉；洪武二十八年（1395 年），肃王正式入驻甘州。根据朱元璋的诏令，肃王就藩甘州除直接掌控王府甘州三护卫军外，陕西行都指挥使司甘州五卫军务全部听从肃王调派。也就是说，肃王当时不仅有藩王的头衔，

明代九边重镇示意图

更兼有都司镇守、总兵的双重身份，足见明太祖对肃王朱楧的高度信任。建文元年（1399 年），因建文帝削藩，肃王只带着护卫肃王府的甘州右卫和甘州中卫移徙临洮府兰县（今兰州市）河西。

明代推行战略防御政策，开始在北方实施设军镇、筑长城、造城堡、建关隘、置烽燧的防御部署。张掖境内的明长城主要修筑于嘉靖、隆庆和万历年间，从市境东南进入，依次经山丹县、甘州区、临泽县、高台县进入酒泉市金塔县，总体沿河西走廊北侧合黎山脉的龙首山、东大山、马鬃山、大青山、盘头山、黑山西南麓，及巴丹吉林沙漠南缘向西北延伸，中途穿越戈壁荒滩、沙漠盐沼、湿地林带、山地沟壑、耕地村庄，全线长 550 余千米。如今，山丹县境内长 270 余千米的汉明长城并行的壮观景象，已然成为一道独特的风景线。

山丹境内的明长城遗址

府城遗韵

清初，朝廷沿袭明朝旧制，在河西走廊设甘肃镇及甘肃巡抚，保留甘州、凉州、肃州、安西等地卫所，仍然实行军事化管理，以保证对河西走廊的管控。清雍正二年（1724 年），裁陕西行都指挥使司，改置甘州府，属甘肃省，以甘州左、右二卫置张掖县为治；又改山丹卫为山丹县，改高台厅为高台县。

甘州府城始建于元代，后历代有修缮。乾隆二十九年（1764 年），张掖县知县富斌用朝廷拨款加固张掖城。光绪二十四年（1898 年），甘州提督张永清、甘州知府诚瑞、张掖县知县张心镜等人筹款对甘州府城进行补修。从此，张掖城垣更加完善、坚固，城内王府、官邸、衙署、道观、寺院、学堂、民宅、市场鳞次栉比。道观、寺院数量众多，清人赞叹：“一城风光，半城塔影，苇席连片，古刹遍地。”繁荣时期，城内商贾云集，边塞贸易频繁。甘州成为清廷在西北用兵的军需汇总之地，社会经济全面发展，城市建设逐步完善，文化教育繁荣昌盛，“金张掖”之名更加名副其实。

吉祥寺砖塔（清代，位于甘州区安阳乡高寺儿村）

红色篇章

西路军征战张掖

抗日战争中的张掖

张掖解放

艾黎与山丹

西路军征战张掖

1936年10月9日，中国工农红军红一方面军和红四方面军主力在会宁胜利会师。10月25日凌晨，红四方面军总部率红五军、红九军、红三十军及总部直属部队21800多名指战员西渡黄河执行宁夏战役计划，后随战局变化，于11月11日奉中央革命军事委员会（以下简称“中革军委”）命令组成西路军，成立军政委员会，陈昌浩任主席，徐向前任副主席兼西路军总指挥。为了完成党交给的任务，西路军将士勇往直前、视死如归，经景泰、古浪、凉州、永昌等地战斗，进入张掖境内，在4个多月的时间里，相继占领山丹、血染高台、血战倪家营、冲出梨园口、西进星星峡，谱写了一部气壮山河的英雄史诗。

转战张掖

1936年11月21日，西路军红三十军八十八师两个团占领山丹，进入张掖境内。自此，西路军将士在张掖开始了与马步芳、马步青（“二马”）等部作战和创建根据地的斗争。1936年12月30日，红五军

倪家营红西路军总指挥部旧址

两个团和总部供给部及直属部队一部进驻临泽县城（今蓼泉镇）。1937年1月1日，红五军两个团及骑兵团、特务团进驻高台。1月上旬，红三十军及总指挥部等进驻临泽倪家营，红九军一部进驻沙河堡（今临泽县城）。西路军根据中革军委主席团的指示，屯兵临（泽）、高（台）一带，准备消灭进攻的敌人。

西安事变后，蒋介石扣押张学良，同时令“二马”加紧围剿西路军，局势急剧变化。1937年1月12日，敌人集结2万人包围了高台城。红五军将士与敌人激战9天8夜，军长董振堂、政治部主任杨克明、红十三师师长叶崇本、师参谋长刘培基及各级官兵2000多人壮烈牺牲，20日高台失守。敌人在攻陷高台城后，又围攻临泽城，此时城内红军除一个警卫连和妇女抗日先锋团三营一部分外，均为机关干部和勤杂人员。1月21日起，城内红军与敌苦战3昼夜，毙敌100多人，击伤300

多人。1 月 23 日，西路军东返，红三十军驻西洞堡（今甘州区境内），红九军和总部驻龙首堡（今甘州区境内）。1 月 27 日，红三十军在西洞堡全歼马步芳的青海宪兵团，击溃一〇〇师手枪团。当日晚，西路军军政委员会在龙首堡总部驻地召开军政委员扩大会议（后称“龙渠会议”），作出了集中兵力重返倪家营的决定。1 月 28 日晚，西路军回到倪家营。原先固守汪家墩（今临泽县倪家营镇汪家墩村四社）阵地的红三十军八十八师二六三团三营九连的 130 余名战士只剩下 9 个人，其中 4 人还负了伤。2 月 21 日，西路军连夜转移到威狄堡（今临泽县新华镇一带），由于无法立足，又连夜退回倪家营。西路军三进三出倪家营，战斗了 50 多个日夜，消灭敌人 1 万多人，而西路军自身也伤亡惨重。

汪家墩战斗碉堡遗址

1937年2月27日，西路军向三道柳沟（今临泽县新华镇新柳村）一带转移，与敌人恶战十多天，红三十军八十八师师长熊厚发身负重伤，许多指战员壮烈牺牲。3月11日，西路军余部再次向南突围，准备经梨园口（今临泽县城城南18千米处）进祁连山。3月12日，西路军在梨园口与敌人激战，包括九军政委陈海松等十多名团以上干部在内的2000多名指战员牺牲，西路军继续向祁连山转移。3月13日，西路军余部进入祁连山马场滩一带。担任后卫的红三十军一部阻击尾追敌人，掩护大部队向康隆寺方向撤退。妇女抗日先锋团在与敌激战中大部壮烈牺牲。团长王泉媛、政委吴富莲、政治处主任华全双、秘书李开芬等30多人先后被俘。

红西路军马场滩战斗遗址

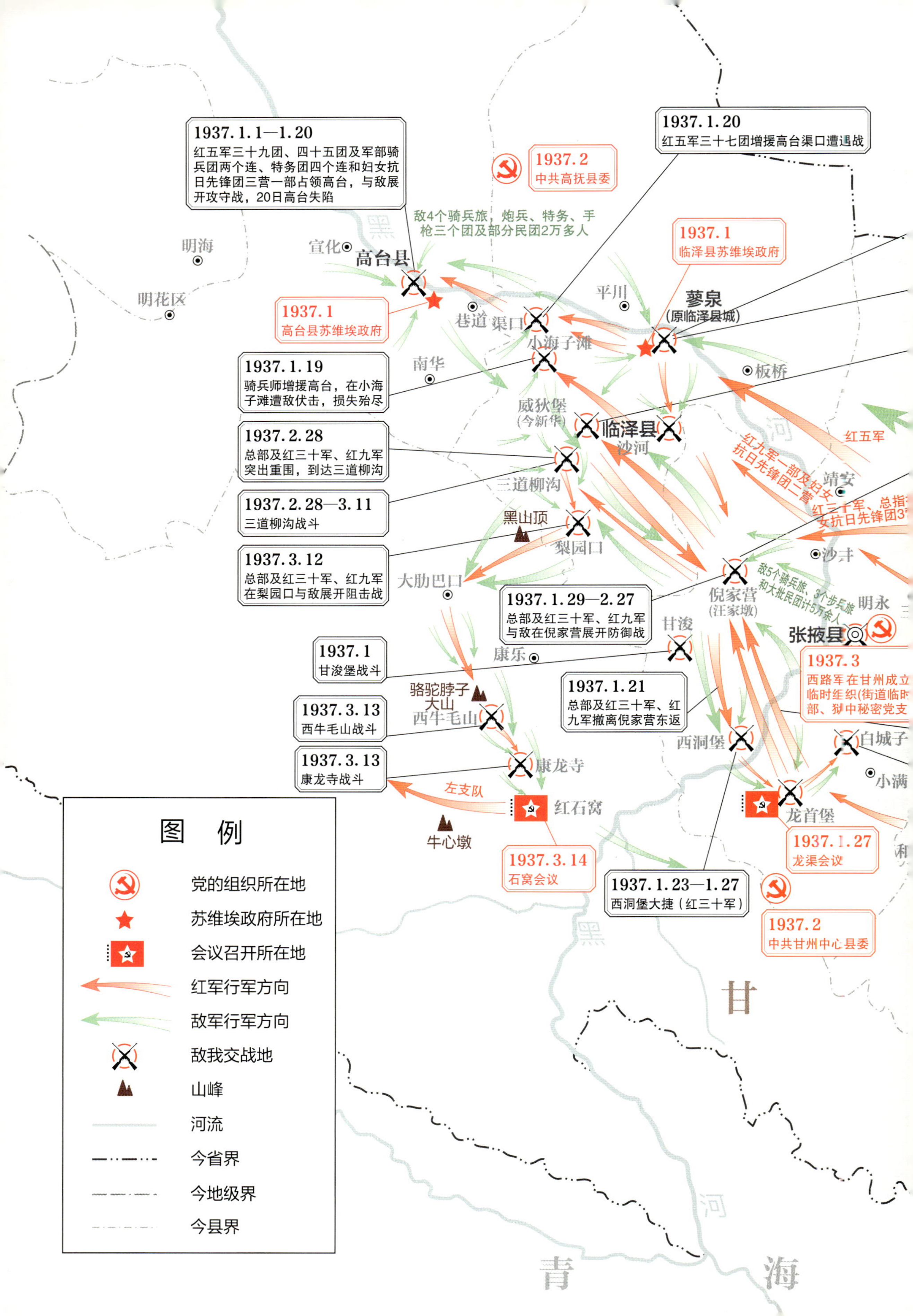

1937.1.1—1.20
红五军三十九团、四十五团及军部骑兵团两个连、特务团四个连和妇女抗日先锋团三营一部占领高台，与敌展开攻守战，20日高台失陷
1937.2
中共高抚县委
1937.1.20
红五军三十七团增援高台渠口遭遇战
敌4个骑兵旅，炮兵、特务、手枪三个团及部分民团2万多人
1937.1
临泽县苏维埃政府
明海
宣化
高台县
明花区
1937.1
高台县苏维埃政府
巷道
渠口
平川
蓼泉
(原临泽县城)
小海子滩
1937.1.19
骑兵师增援高台，在小海子滩遭敌伏击，损失殆尽
南华
板桥
威狄堡
(今新华)
临泽县
沙河
1937.2.28
总部及红三十军、红九军突出重围，到达三道柳沟
红五军
红九军一部及妇女抗日先锋团二营
靖安
红三十军、总指
女抗日先锋团3
三道柳沟
1937.2.28—3.11
三道柳沟战斗
黑山顶
梨园口
1937.3.12
总部及红三十军、红九军在梨园口与敌展开阻击战
沙井
大肋巴口
敌5个骑兵旅、3个步兵旅和大批民团计5万余人
倪家营
(汪家墩)
明永
1937.1.29—2.27
总部及红三十军、红九军与敌在倪家营展开防御战
甘浚
张掖县
1937.1
甘浚堡战斗
康乐
1937.3
西路军在甘州成立临时组织(街道临时部、狱中秘密党支
骆驼脖子大山
1937.1.21
总部及红三十军、红九军撤离倪家营东返
1937.3.13
西牛毛山战斗
西牛毛山
西洞堡
白城子
1937.3.13
康龙寺战斗
康龙寺
小满
左支队
红石窝
龙首堡
牛心墩
1937.3.14
石窝会议
1937.1.27
龙渠会议
1937.1.23—1.27
西洞堡大捷（红三十军）
1937.2
中共甘州中心县委
黑
河
甘
青
海
图 例
党的组织所在地
苏维埃政府所在地
会议召开所在地
红军行军方向
敌军行军方向
敌我交战地
山峰
河流
今省界
今地级界
今县界

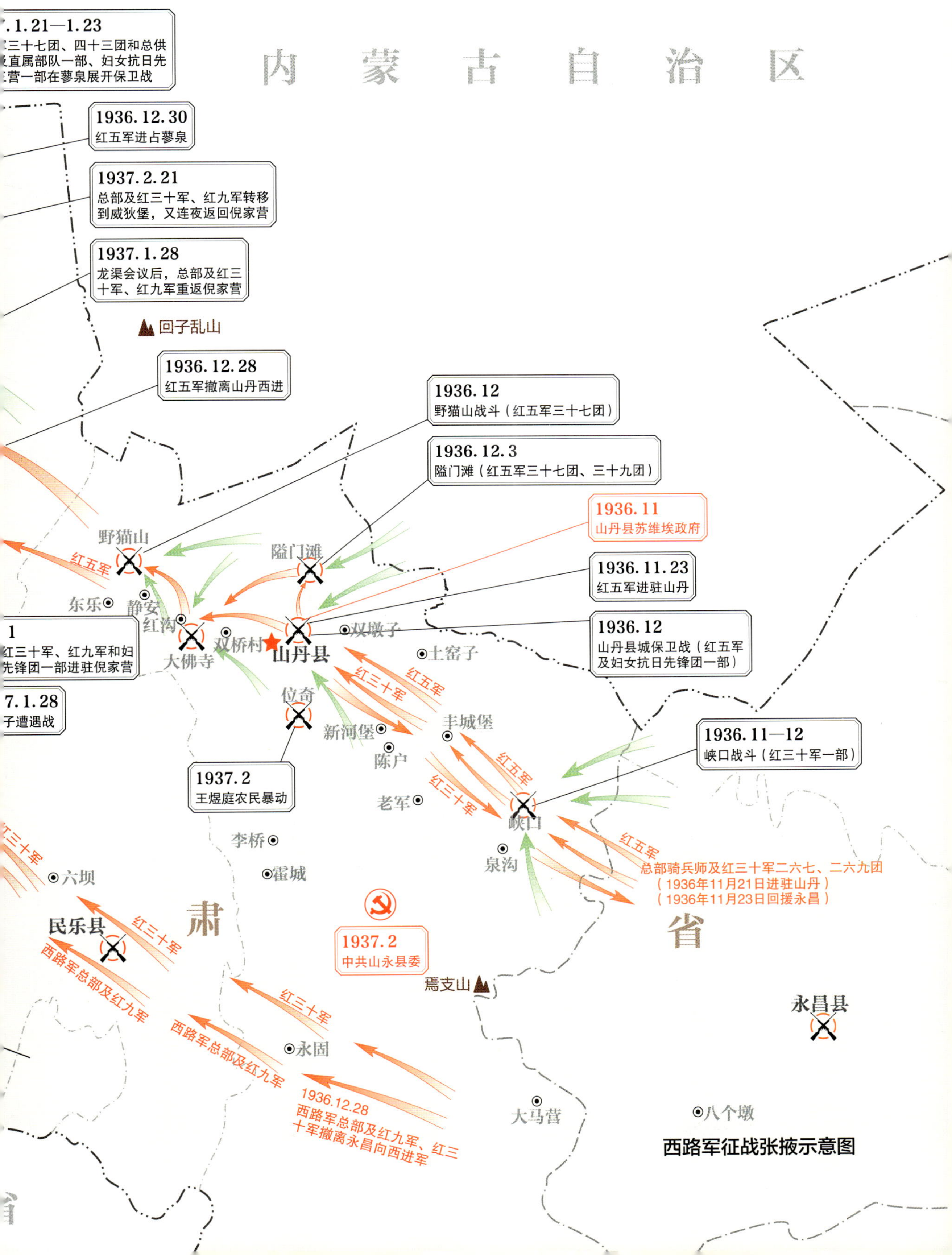

内 蒙 古 自 治 区
.1.21—1.23
三十七团、四十三团和总供
直属部队一部、妇女抗日先
营一部在蓼泉展开保卫战
1936.12.30
红五军进占蓼泉
1937.2.21
总部及红三十军、红九军转移
到威狄堡，又连夜返回倪家营
1937.1.28
龙渠会议后，总部及红三
十军、红九军重返倪家营
回子乱山
1936.12.28
红五军撤离山丹西进
1936.12
野猫山战斗（红五军三十七团）
1936.12.3
隘门滩（红五军三十七团、三十九团）
1936.11
山丹县苏维埃政府
1936.11.23
红五军进驻山丹
1936.12
山丹县城保卫战（红五军
及妇女抗日先锋团一部）
1936.11—12
峡口战斗（红三十军一部）
1
红三十军、红九军和妇
先锋团一部进驻倪家营
7.1.28
子遭遇战
1937.2
王煜庭农民暴动
1937.2
中共山永县委
野猫山
红五军
隘门滩
东乐
静安
红沟
双桥村
大佛寺
山丹县
双墩子
土窑子
位奇
红三十军
红五军
新河堡
丰城堡
陈户
老军
峡口
泉沟
李桥
霍城
六坝
民乐县
肃
省
焉支山
永固
大马营
八个墩
永昌县
总部骑兵师及红三十军二六七、二六九团
（1936年11月21日进驻山丹）
（1936年11月23日回援永昌）
西路军总部及红九军
1936.12.28
西路军总部及红九军、红三
十军撤离永昌向西进军

西路军征战张掖示意图

1937 年 3 月 14 日傍晚，西路军军政委员会在石窝召开最后一次会议，会议决定：徐向前、陈昌浩回陕北向党中央汇报；成立由李卓然、李先念、李特、曾传六、王树声、程世才、黄超、熊国炳 8 人组成的西路军工作委员会，李先念统一军事指挥，李卓然负责政治领导。3 月 15 日，西路军工作委员会将余部分为三个支队，就地分散打游击。其中王树声支队损失惨重，几经周折，仅有 8 人回到延安；张荣支队大部牺牲，部分被俘，只有 10 余人向西到达甘（肃）新（疆）交界的星星峡；李先念支队深入祁连山腹地继续西进。5 月 1 日前后，420 多名西路军指战员历尽艰辛，先后抵达星星峡。

西路军征战张掖期间，在极其艰苦的环境中，在极端艰难的情况

红西路军石窝会议纪念碑

下，以气壮山河的大无畏精神，与数倍于己的顽敌浴血奋战，策应了河东红军的战略行动，也为建立抗日民族统一战线作出了不可磨灭的贡献，将永为后人纪念。

2019 年 8 月 20 日，习近平总书记参观中国工农红军西路军纪念馆时强调：“新中国是无数革命先烈用鲜血和生命铸就的。要深刻认识红色政权来之不易，新中国来之不易，中国特色社会主义来之不易”。“西路军不畏艰险、浴血奋战的英雄主义气概，为党为人民英勇献身的精神，同长征精神一脉相承，是中国共产党人红色基因和中华民族宝贵精神财富的重要组成部分。我们要讲好党的故事，讲好红军的故事，讲好西路军的故事，把红色基因传承好。”

中国工农红军西路军纪念碑

张掖红色遗迹分布示意图

中国工农红军西路军纪念碑

张掖是一片厚植红色基因的热土。西路军在张掖征战4个多月之久；苏联援华物资经张掖运往兰州，走向抗战前线；解放大军横扫河西，解放张掖。在光辉的革命历程中，张掖留存了宝贵而丰富的红色资源。

为缅怀革命先烈、弘扬西路军革命精神，中华人民共和国成立后，尤其是改革开放以来，张掖对境内西路军战斗过的遗址遗迹进行了保护和发掘，修缮了纪念馆、纪念碑。2019年8月，习近平总书记视察张掖时，参观了中国工农红军西路军纪念馆。

目前全市共有各类红色纪念场馆、遗址遗迹60余处，其中全国爱国主义教育基地3处（中国工农红军西路军纪念馆、中国工农红军西路军临泽战役纪念馆、艾黎纪念馆），省级爱国主义教育基地9处，省级党史教育基地9处，市级党史教育基地12处。

每一处红色遗址遗迹，每一座红色纪念场馆，都见证了中国共产党人在张掖艰苦卓绝的斗争史和奋斗史，蕴含着丰富、宝贵的革命精神，为弘扬红色文化、传承红色基因发挥着重要作用。

中国工农红军西路军纪念馆

全国重点烈士纪念建筑物保护单位、全国爱国主义教育基地、
国百个红色旅游经典景区、国家4A级旅游景区，是全国反映西
军历史最全面、最具权威性的纪念馆，是西路军历史的纪念、
示、保护和研究中心。

红色纪念场馆

甘州区　高金城烈士纪念馆、中共甘州中心县委纪念园、甘州
史陈列馆、红西路军龙渠烈士陵园、西城驿烈士陵园

临泽县　中国工农红军西路军临泽战役纪念馆

高台县　中国工农红军西路军纪念馆、红色记忆博物馆

山丹县　艾黎纪念馆、艾黎捐赠文物陈列馆、艾黎与何克陵园

民乐县　河西解放纪念馆、民乐县烈士墓园

肃南裕固族自治县　石窝会议纪念馆

红西路军龙渠烈士陵园

西洞堡大捷纪念碑

现存遗址遗迹

甘州区　西洞堡大捷遗址、红西路军龙渠会议遗址、福音堂医院旧址

临泽县　梨园口战斗遗址、三道柳沟战斗遗址、汪家墩碉堡遗址、红西路军总指挥部旧址、倪家营总指挥部旧址

高台县　王铭五烈士纪念碑、红军槐

山丹县　隘门滩战斗遗址、大佛寺战斗遗址、路易·艾黎故居——擂台

民乐县　永固城红军休整遗址

肃南裕固族自治县　马场滩战斗遗址、康隆寺战斗遗址、石窝会议纪念碑、班达征战纪念碑

西路军在张掖建立的红色政权和地方党组织

西路军在征战张掖期间，先后建立了中华苏维埃山丹县政府、中华苏维埃高台县政府、中华苏维埃临泽县政府（均简称“某县苏维埃政府”）。各地苏维埃政府建立后，配合红军在维护地方治安、抑制顽固势力的反共活动、侦察敌情、搜集情报、筹募给养、动员人民支前、照顾伤病员以及宣传动员青年参军参战等方面做了大量工作。山丹县苏维埃政府组织了王煜亭等200多人参加抗日武装游击队，高台县苏维埃政府同时动员了100多名青壮年参加西路军。

各地苏维埃政权虽然存在的时间不长，但它们在河西大地上传播了革命思想，扩大了中国共产党和工农红军的影响。

中国工农红军西路军中共甘州中心县委陈展室

1937年2月下旬，西路军军政委员会根据中央指示，抽调干部建立中国共产党在河西地区的第一个地方党组织——中共甘州中心县委，下辖中共高（台）抚（彝）县委和中共山（丹）永（昌）县委，发展了王泽喜、潘发生、王克勤、阮文章、阮文云等张掖历史上最早的一批本地党员，本地党员在发动组织群众、营救失散西路军干部战士方面做了重要工作。

1937年夏，被敌人俘获的西路军领导干部刘瑞龙、魏传统等8名同志在看守所内组建了狱中秘密党支部。刘德胜、王定国、武杰等成立了街道临时党支部，与马步芳手下铁杆干将韩起功部电台的党员取得联系，电台党员利用发报之机与党中央联系。临时党支部虽然只活动了短短的几个月，但是秘密配合高金城救助西路军被俘及失散流落人员200多人。

张掖人民群众对西路军的救助

西路军征战河西走廊期间，9000多人被俘，4000多人失散。党中央、张掖各界人士和各族群众对被俘和失散的西路军将士展开了生死大营救，保护了许多被俘和失散的西路军将士。

1937年8月，民主进步人士高金城受党的委托，以甘（张掖）、凉（武威）、肃（酒泉）三州抗敌后援会主任的名义来到张掖，重开福音堂医院。该医院成为中国共产党的地下秘密联络点和西路军伤病员的医疗站。他以医院缺少护士为由，从韩起功部要回王定国等部分被俘女战士；与关押在监狱里的刘瑞龙等西路军干部秘密取得联系，并将他们的情况报告给兰州八路军办事处。高金城还指派王定国、蔡光波等人到山区和民乐一带寻找西路军失散人员，秘密散发传单，引导伤病者到福音堂医院接受治疗或前往兰州八路军办事处。在半年多的时间里，高金城

福音堂医院旧址

和福音堂医院先后营救出西路军野战医院院长丁世方、中共甘州中心县委书记吴建初等西路军被俘、伤病、失散人员 200 多人，这些人后来均通过兰州八路军办事处辗转到了延安。

山丹县马营窑坡甘家庄的但复三曾热情接待路过的陈昌浩、徐向前，但复三与陈昌浩还是湖北老乡。徐向前东行后，但复三得知陈昌浩的真实身份，更是倍加照顾。敌军几次搜查，但复三巧妙周旋，均化险为夷。为安全起见，但复三将陈昌浩先后转移到曹家大口子窑洞（今山丹县大马营镇窑坡村后山一带）和焉支山钟山寺隐藏，全家人以上山挖药为名，轮流为其送饭送药。但复三后与其义子聂友成护送陈昌浩经由湖北回到延安。

1937 年 1 月上旬，西路军在临泽县驻防期间，当地群众王学文夫妇冒着被敌军杀害的危险，收养西路军将士曾日三、吴仲廉之子王继曾

高金城烈士纪念馆

14 年之久。

身负重伤的西路军干部团政治处主任徐以新流落肃南，牧民屈大成将其带回家中养伤。徐以新身体恢复后，乡亲们为其筹集路费，由屈大成护送他前往延安。

西路军在临泽期间的战斗中伤亡很大，很多烈士曝尸荒野，倪家营、刘家墩等地苏维埃政府成员和群众自发埋葬烈士遗体，建造红军坟墓。

1937 年，任国民党张掖县县长的马鹤年思想进步，他也在关心被关押在韩起功司令部的西路军战士。在他的干预下，西路军战士被屠杀和残害的现象减少了，战士们还可以互相探视，自己做饭改善生活。

张掖“长兴泰”皮货坊掌柜刘芳得知被关押在县城东街车马店的 300 多名西路军战士在寒冬腊月里衣着单薄，取出自家皮货坊的 300 件皮衣，买通韩起功副官，送给被俘红军。

抗日战争中的张掖

修建甘新公路

1938年3月至1939年6月，中苏（联）双方三次签订中国向苏联借款并购入苏联军事装备、药品、被服等物资，请苏联军事、技术人员援助的协定。由于日军对海陆空交通线的封锁，通过新疆、甘肃进入内陆地区的西北交通线成为中苏物资转运和人员通行的重要通道。当时从新疆到兰州没有正式公路，只有古丝绸之路留下的原始驿道。为改善道路状况，使苏联的援助物资尽快送达抗日前线，中苏决定联合修建从苏联境内萨雷奥泽克（今哈萨克斯坦境内）到中国新疆乌鲁木齐、经河西走廊到兰州、全长2925千米的运输公路（其中张掖境内长约250千米），即甘新公路。

1938年5月，甘新公路动工，张掖沿线军队将士和农民2万余人参加修路。为确保交通线早日修建完成，张掖人民不畏牺牲、毁家纾难，积极拉运工程所需的土方、石料、沙子。许多农民还套上自己的牛车、毛驴车到人迹罕至的星星峡一带施工，许多人因修路致车烂、牛

甘新公路重要驿站——山丹县老军乡硖口古镇

死，承受了巨大的经济损失。

1938 年 11 月，甘新公路全线通车。甘新公路督办公署养护处在张掖设立养路总段，成立护路队对公路进行日常养护。张掖儿女又承担起了艰巨的护路任务，日夜守护在这条交通线上。日军攻占广州后，苏联经海路向中国运送物资的道路中断，甘新公路成了苏联援华物资唯一的交通动脉，苏联援华物资通过甘新公路源源不断地送往抗日前线。据统计，从 1937 年 9 月至 1941 年 6 月，从苏联经甘新公路向抗日前线运送军事物资的车辆多达 5260 辆，运送坦克 82 辆、汽车 1516 辆、火炮 4300 门，机、步枪 14000 多挺（支）及大批弹药、设备和军事装备。许多苏联军事、技术人员及志愿空军人员也由此道来华。国民党西北公路运输管理局在河西走廊建立武威、张掖、酒泉汽车站，为过往苏联汽车加水、加油，为人员提供食宿。甘新公路的通车有效提升了战时物资及人员的转运效率。

青年学生参军参战

1937 年全面抗战爆发后，身处抗战后方的张掖青年响应号召，积极参军参训、从军报国，为抗战胜利作出了贡献。

1937 年 9 月，张掖征集的一批新兵被编入国民革命军陆军骑兵第五军（简称“骑五军”）暂编骑兵第一师（简称“骑五军第一师”）开赴抗战前线。此后，张掖再次征集新兵编入骑五军，于 1938 年 7 月开赴抗战前线。史料记载，民乐县在 1942—1945 年征兵 890 名，张掖县在 1940—1945 年征兵 5180 名，临泽县在 1944—1945 年征兵 620 名。抗战期间，张掖青年参军参战，有 157 人血洒抗日疆场。

抗日战争进入后期，国民政府广泛动员青年学生参军，开展知识青年从军运动。1944 年 11 月 3 日，甘肃省成立了知识青年志愿从军征集委员会，随后张掖各县也成立了知识青年志愿从军征集委员会，领导开展具体工作。马德祥、刘生勤、李东斋等 258 名青年学生先后报名参加了青年军，其中张掖中学就有 100 多名青年学生报名参加了青年远征军，奔赴缅甸抗日前线，浴血南亚丛林。

童子军的抗日救亡活动

1937 年 2 月，在各方面条件具备的情况下，张掖中学正式成立了由 33 人组成的童子军团，编号为中国童子军第九五八团（以下简称“九五八团”）。10 月，九五八团按照省政府要求组建了童子军战时后方服务团，吸收了 77 名团员，他们承担了交通、保安、宣传等战时后方服务任务。

随着抗日战争的全面爆发和持续，九五八团规模逐渐扩大，除张掖中学外，觻得、甘泉、文峰女校和山丹文庙街青云私立小学等学校也组建了童子军。到 1938 年，九五八团人数达到 86 人，到 1942 年一度达到 166 名，其中有 6 名女童子军。九五八团及战时后方服务团实行严格的军事化管理，开设了军步、操法、救护、侦察等训练科目，广泛开展了“日行一善”记录活动。张掖各学校童子军充分利用文艺特长积极参加抗战话剧团、演讲团，发动社会各界抵制日货，宣传抗日主张，为唤醒张掖社会各界及广大民众的抗战意识发挥了独特作用。

童子军时期的军事化训练为张掖青年迅速成长、走向战场发挥了重要作用，部分童子军志愿从军后，在部队中迅速成长、成熟，为抗战胜利贡献了力量。

红色传承润育童心

张掖解放

1949 年 8 月，中国人民解放军第一野战军在彭德怀的率领下，按照毛泽东和中央军委的部署，以横扫千军之势向西北进军。河西走廊处于西北的地理中心位置，解放河西意义重大，毛泽东致电彭德怀，要求切断敌人通往新疆的道路，尽快解放河西走廊，保证玉门油田的安全。

1949 年 8 月 26 日，兰州解放。8 月 31 日，解放军第一野战军分路向河西走廊进军。9 月 9 日，一兵团司令员王震到达西宁，宣布一军留守青海，二军北进张掖，消灭河西之敌，完成进军新疆的任务。一兵团二军于 9 月 14、15 日，先后从青海门源出发，踏上了直插张掖的征程。从西宁到张掖 350 多千米，解放军指战员顶风雪、冒严寒，在缺乏御寒物资的情况下跨越祁连山。从景阳岭到俄博 30 多千米的雪地上，前卫十四团有 154 位英雄指战员不幸牺牲，长眠于祁连山中。一兵团二军五师战胜种种困难，翻越海拔 4700 多米的祁连山，于 9 月 16 日下午走出扁都口，宿营于民乐县南丰镇炒面庄村一带。

9 月 17 日拂晓，一兵团二军五师赶到民乐城下，经过一个多小时

张掖人民沉浸在解放的喜悦中，隆重集会欢庆中华人民共和国成立

的战斗，攻克民乐县城。民乐县县长张汝伟率政府职员和自卫队投诚，民乐县城宣告解放。9月18日，民乐全境解放。

9月19日中午，一兵团二军五师骑兵团进抵张掖城郊，在五师十三团的配合下包围张掖城，仅以19分钟结束战斗，全歼张掖守敌，解放军无一伤亡，张掖县城解放。

9月16日，二兵团四军先头部队抵达山丹，山丹县政府人员和地方武装纷纷逃离县城，敌监护营二营营长张耀天率领其余溃兵投诚。21日，二兵团三军先头部队进占山丹，当日接管山丹军马场。

9月22日，一兵团二军四师、五师、七师分别进驻沙河堡、威狄堡和临泽县城，并对其实行军事管制，临泽县县长刘呈芝率政府职员投诚，临泽县和平解放。

9月23日，二军五师十五团先头部队到达高台以东。国民党新疆省警备司令兼河西警备司令陶峙岳派人与解放军进行起义谈判，陶峙岳的谈判代表与解放军的谈判代表到高台说明起义意图，高台守军师长沈芝生拥护起义。24日，陶峙岳率驻酒泉国民党军队3.8万余人通电起义，高台县县长金作镜率部投诚，高台县和平解放。

在一周时间内，中国人民解放军摧枯拉朽，横扫国民党西北残余势力，解放了张掖全境，彻底推翻了压在张掖人民头上的三座大山，也为中国人民解放军进军新疆打开了通道。

艾黎与山丹

路易 · 艾黎于 1927 年来到中国，他与中外友人一起推动工业合作社运动，向世界积极宣传中国，为中国抗战作出了卓越贡献。

1943 年年底，经周恩来同意，艾黎与他的战友乔治 · 何克把培黎工艺学校（取名“培黎”，意为“为中国黎明而培养人才”）从陕西双石铺迁到了处于抗战后方的甘肃山丹。1943 年 12 月 25 日，第一批学

1897 年　1987 年

路易 · 艾黎　新西兰人，教育家、作家

1915 年　1945 年

乔治·何克　英国人，1937 年毕业于牛津大学，后来到中国。他积极支援中国人民抗日战争，曾担任“工合”的秘书兼视察员、陕西双石铺培黎工艺学校校长等职务。其所著《我看到了新中国》热情报道了中国共产党领导下的抗日根据地的真实情况

员到达山丹，学校更名为山丹培黎工艺学校（简称“培黎学校”）。培黎学校为新中国培养了一批有吃苦精神、注重实干的技术人才。

培黎学校采用半工（农）半读的办学形式，提出“手脑并用、创造分析”的宗旨，聘用工业企业中的技术工人对学生进行指导。1945 年，培黎学校成立地质测绘组，对临泽、张掖、民乐、永昌、山丹等县的自然资源进行勘测，在此基础上结合教学实践建立了 20 多个专业学科。1947 年 4 月，地质测绘组在学校农场所在地四坝滩（今山丹县位奇镇四坝村一带）发现了大量古代陶器和石器，该遗址代表的文化后被命名为“四坝文化”，艾黎和培黎人成为四坝文化遗存的最早发现者。

培黎学校相继办起了动力、制毯、纺织、缝纫、玻璃、造纸、陶瓷、印刷、化工、皮革、冶炼、畜牧、煤矿等 27 个校办工厂（场），生产纽扣、布匹、毛毯、毛衣、袜子、毛巾、围巾、玻璃器皿、陶瓷用具、纸张、皮革、肥皂、墨水、粉笔、食糖、粮食、蔬菜、豆芽、豆腐等产品，不仅为生产提供了所需原料，还为当地经济建设奠定了一定的科技基础。

艾黎纪念馆

后来，培黎学校建起山丹第一座西医医院、组织建设了山丹第一眼半机械化采煤矿井，在四坝滩建起以农为主、农牧并举、兼营小型手工业的实习基地和生产单位，用拖拉机开垦与耕作，这是山丹历史上最早的机械化农业，也是山丹现代工业的启蒙。

1949 年，中国人民解放军解放大西北时，艾黎用学校 20 辆卡车帮助运输部队，受到彭德怀的高度赞赏。

1953 年，艾黎完整地把学校交给了人民政府，学校迁址到兰州。同年，艾黎受周恩来总理邀请定居北京。在山丹的 10 年岁月里，艾黎和培黎学校将工业文明的火种引入贫穷落后的山丹和河西走廊，培养了大批对社会有用的人才。

艾黎情系山丹，先后七次重返山丹，视山丹为“第二故乡”，架起了中国人民与新西兰人民的友谊之桥。

艾黎、何克陵园

1980 年 3 月，艾黎毅然决定将自己在华期间收藏的 3702 件文物全部捐赠给山丹人民，还倡导在山丹修建山丹县博物馆（艾黎捐赠文物陈列馆）和山丹培黎图书馆。1987 年 4 月，艾黎倡议重建的山丹培黎农林牧学校（1994 年更名为甘肃省山丹培黎学校）正式开学，艾黎担任学校董事会名誉会长。

1987 年 12 月，艾黎逝世。他的骨灰一半撒在四坝滩，一半安放在山丹的墓地里。

艾黎的一生致力于维护世界和平和各国人民之间的友好事业。他热爱新中国，宣传新中国，为发展中国人民同新西兰及各国人民间的友谊、增进各国人民对中国社会主义建设成就的了解，作出了重要贡献，赢得了中国人民、新西兰人民和广大国际友人的尊敬和爱戴。邓小平为他题词：伟大的国际主义战士永垂不朽。

人文名胜

时空记忆
古刹名寺
岩画石刻
特色村镇

时空记忆

张掖鼓楼

张掖鼓楼位于张掖市“大十字”（即东大街、西大街、南大街和北大街交会处）中央，原名镇远楼，又称“靖远楼”，俗称“鼓楼”，是明代“九边”西端目前仅存的四座鼓楼之一（其他三座为酒泉鼓楼、永昌鼓楼和银川鼓楼）。

鼓楼始建于明正德二年（1507 年）；清顺治五年（1648 年）毁于兵燹，康熙七年（1668 年）重建，乾隆、光绪年间多次重修。

鼓楼是砖土木结构的建筑，分楼台、楼阁两部分，高 21 米。楼台采用夯土青砖包围，边长 32 米～ 34 米，高 9 米，东、西、南、北中间各辟一门，门高 5 米、宽 4 米。门上正中均有砖雕匾额，上有两字，东为“旭升”，西为“宾成”，南为“迎薰”，北为“镇远”，每块匾额上均镌刻“乾隆岁次丙午仲夏望日重修”。

台基上建造外三层、内两层的木楼，楼面阔三间宽 16 米、进深三间纵深 16 米。一层四面出檐有檐柱，二层之上设有木构绕廊，三层为重檐攒尖三滴水屋顶。内两层外部四面悬挂匾额，一层四块匾额原为明正德年间制作，二层四块匾额原为清康熙年间制作，现有匾额为 20 世纪八九十年代补作。一层四块匾额概括了张掖的地理位置和特色景致：东“金城春雨”，西“玉关晓月”，南“祁连晴雪”，北“居延古牧”；二层四块匾额体现张掖的政治、军事作用：东“九重在望”，西“万国咸宾”，南“声教四达”，北“湖山一览”。这些匾额的内容既是对张掖在古代维护国家统一、民族融合方面发挥的重要作用的概括，也是对台基券门砖雕匾额文字的补充和诠释。

鼓楼东南角悬有唐钟一口，钟身分四层：上层钟钮为桥形，钮高 0.14 米，其上饰八瓣莲花；下 3 层每层 6 格，共计 18 格，格内模铸飞天、青龙、白虎、朱雀、玄武的形象。

张掖鼓楼

山西会馆

山西会馆位于甘州区南大街 51 号，始建于清雍正二年（1724 年），乾隆、嘉庆、道光、咸丰、同治、光绪年间屡有维修。山西会馆坐西朝东，建筑面积为 1401.33 平方米，整体占地面积约为 2550 平方米，是一处集山门、戏台、看楼、牌坊、钟楼、鼓楼、厢房、碑亭和正殿于一体的，砖、石、木混合建造的古建筑群。其中的建筑呈四合院式分布，以牌坊为中心分前后两部分，布局结构严谨、错落有致、精巧灵秀。

山西会馆是目前甘肃省境内保存较完整的清代会馆之一，也是张掖保存最完整的一组清代建筑群，是张掖会馆文化的集中体现，对研究晋商在河西的兴衰、古代建筑等具有重要意义。

山西会馆“威震华夏”牌坊

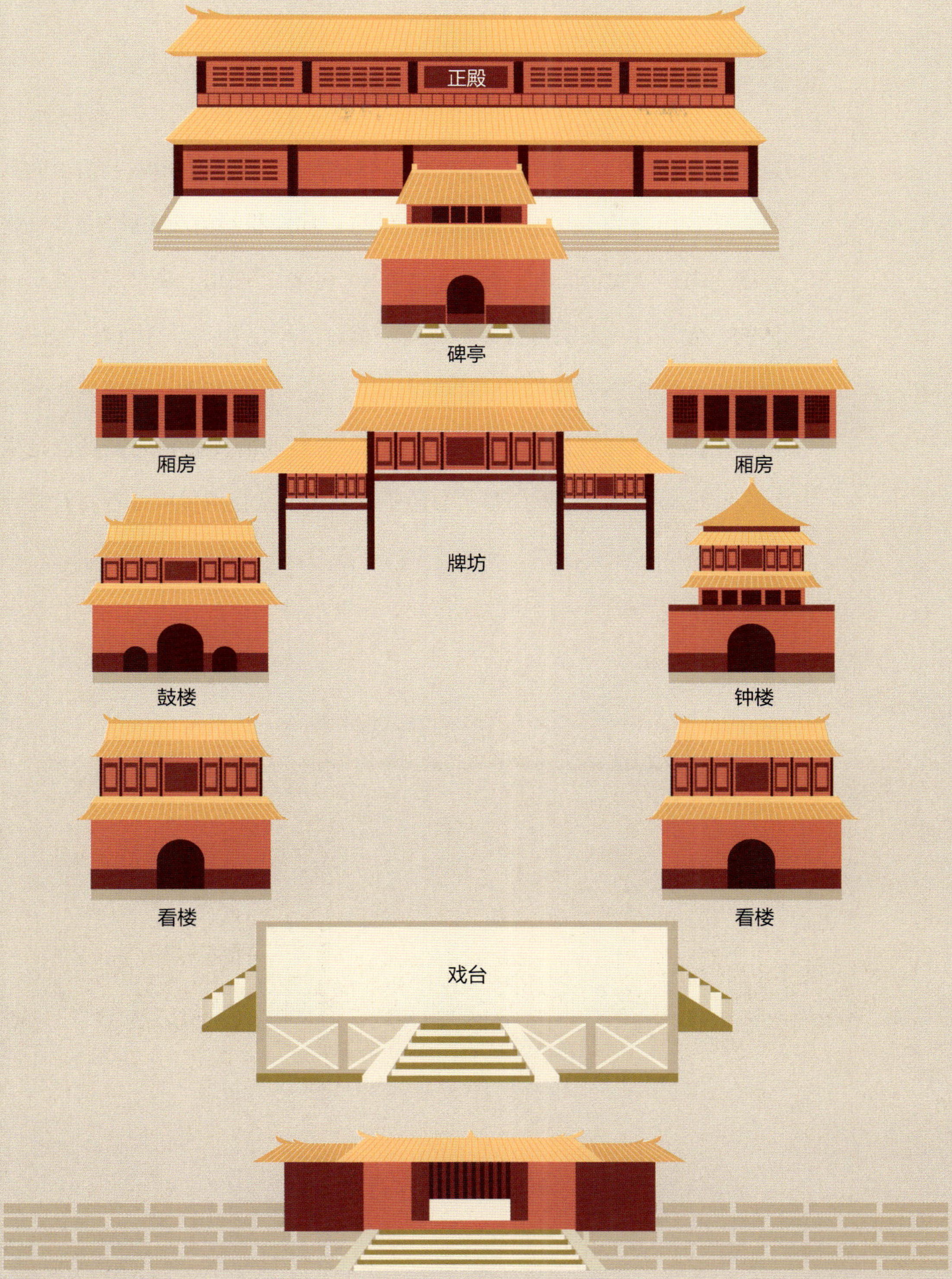

山西会馆平面分布图

民勤会馆

民勤会馆位于甘州区张掖市第二中学院内，始建于清光绪十八年(1892 年)，1921 年重修。民勤会馆建筑群呈四合院式分布，坐北朝南，除山门被拆除外，其余建筑均保存完整。现存建筑主要由牌坊、钟楼、鼓楼、东西厢房、大殿、东西耳房等组成，为砖、土、木混合建造的古建筑，会馆区域占地面积为 2373.84 平方米。

民勤会馆内的牌坊为木构四柱三门式，顶盖阙楼，正楼大，次楼小，券口上雕刻有二龙戏珠、大象、麒麟等图案，这些吉兽均神态生动，在中部挡板南侧镌刻有“福荫苏山”题额。牌坊以南，东西两侧分别为钟楼和鼓楼，钟楼、鼓楼平面均为正方形，两层，四面坡攒尖顶，下层或东或西正中开门。牌坊以北，东西两侧对称各建厢房九间，厢房

俯瞰民勤会馆

进深二间，悬山顶。北端正中为大殿，平面呈长方形，面阔三间，进深四间，南北长 20.10 米，东西宽 14 米，单檐歇山顶。大殿前的当池东西两侧各有一棵古槐，挺拔参天。大殿东西两侧建有耳房，耳房面阔三间，进深三间。民勤会馆的建筑主次分明，保存完整，极具历史价值。

张掖东仓

东仓是张掖历史上的一座重要粮仓，又名永丰仓、甘肃仓、大仓，位于甘州区马神庙街东仓巷内。东仓始建于明洪武二十五年（1392 年），后有增建。东仓为四合院式建筑，现存仓房共计 9 座，为土木结构，坐东朝西，平面呈长方形，南北长 171 米，东西宽 12.2 米，建筑面积为 2086.2 平方米。

每座仓房面阔五间、进深三间，双面坡顶，为抬梁式土木结构。

张掖东仓

仓房底部为坚实的夯土，墙体用土夯筑至一米处铺设厚木板，木板由横梁、立柱支撑，下设通风洞，一可用来捕鼠，二便于清扫。墙上设有木质百叶窗。仓房冬暖夏凉，还有专门的排水设施，结构布局严谨，设计科学合理。东仓对研究明清时期的粮仓建筑形式及张掖的经济、政治、军事、历史发展历程等有较高的科学价值。

高总兵宅院

高总兵宅院俗称高总兵府，位于甘州区民主西街 83 号，是清康熙年间凉州镇总兵高孟（甘州区上秦镇高升庵村人）的府邸。高总兵宅院坐北朝南，是一个规模宏大的古建筑群，建筑面积为 989 平方米，现存两座殿堂及东、西、后楼。

前殿堂面阔五间、进深三间，单檐硬山顶。后殿堂距前殿堂 18 米，

高总兵宅院

面积稍小于前殿堂，顶部结构与前殿堂相同。后楼为四合院式，由主楼和东西配楼组成，上下两层，顶为硬山式。主楼面阔五间、进深三间，东、西配楼宽、深各三间，主楼与配楼之间有天桥相通，四周有穿廊围绕。

高总兵宅院建筑华丽、装修精美，对研究清代张掖建筑风格、地方历史文化等具有重要价值。

山丹无量阁

无量阁始建于明代，原是明代山丹卫城北城门的敌楼（箭楼），矗立在正北城墙之上，最早有三层楼，1954 年地震时损毁，后县政府复修其为一层，并更名为无量阁，后于 1997 年、2007 年进行了维修，顶部全部更换琉璃瓦并对其建筑构件进行了彩绘。修复后的无量阁面阔三间宽 15 米、进深一间纵深 9 米，占地面积为 135 平方米。

山丹无量阁

古刹名寺

张掖大佛寺

张掖大佛寺始建于西夏崇宗永安元年（1098 年），原名“迦叶如来寺”，明成祖朱棣赐名“宝觉寺”，清康熙帝赐额“宏仁寺”，因寺内供奉释迦牟尼涅槃像，俗称“大佛寺”。

张掖大佛寺占地 6 万多平方米，寺内保存古建筑近 20 座，馆藏文物 1 万余件，保存壁画 530 平方米，是一座集建筑、塑像、壁画、雕刻、经籍、书法、绘画及其他文物珍品于一处的佛教艺术博物馆。其中以全国最大的西夏佛教建筑大佛殿、亚洲最大的室内木胎泥塑卧佛和国内保存最完整的初刻初印本《大明三藏圣教北藏经》最为著名。

大佛殿是大佛寺的主体建筑，也是标志性建筑，平面呈长方形面阔九间宽 48.3 米，进深七间纵深 24.5 米，两层楼，高 20.2 米，楼上四周有木构绕廊，重檐歇山顶，抬梁式结构，殿顶由青筒瓦覆盖。大殿檐下额枋上雕有龙、狮、虎、象、鹤等飞禽走兽，殿门两侧嵌有两幅用 50 块水磨方砖拼接而成的明代砖雕，左幅为“西方圣境”，右幅为

大佛寺

“祇园演法”。

大佛殿内正中设一长 35 米、宽 5.4 米、高 1.7 米的佛坛，上塑释迦牟尼涅槃像。造像为木胎泥塑，金装彩绘，面部贴金，释迦牟尼两眼半睁半闭，面容恬静安详，生动地再现了释迦牟尼圆寂时的情景。造像身长 35 米，肩宽 7.5 米，是全国乃至亚洲最大的室内木胎泥塑卧佛。卧佛身后有身高 5.8 米的十大弟子举哀群像，头脚两端塑身高 7 米的大梵天王和帝释天王两位护法神（另一说是优婆夷、优婆塞）立像。殿内底层四周、二楼四周板壁绘有总面积达 530 平方米的壁画，内容为佛、菩萨、弟子、诸天神将、说法图、观音变、《西游记》人物等。无论是塑像还是壁画，皆造型逼真、想象力丰富、技艺精湛。

大佛寺卧佛

大佛寺景区内还有藏经阁、佛教艺术陈列厅、佛教经籍陈列厅、金塔殿、土塔等。作为中国历史文化遗产的杰出代表，它凝聚了张掖先民的辛劳和智慧，具有科学、历史、艺术价值，是研究西夏历史文化和张掖多民族融合的鲜活史书。

马蹄寺

马蹄寺地处河西走廊中部的祁连山北麓，位于张掖城南 62 千米的临松山下，地属肃南裕固族自治县马蹄藏族乡。马蹄寺始建于北凉时期，以石窟群闻名。马蹄寺石窟内容丰富，是张掖市内规模最大、创建

马蹄寺秋韵

年代最早和延续时间最长的重要石窟。

马蹄寺石窟包括金塔寺、北寺、南寺、千佛洞及上、中、下观音洞7部分，共存70余窟群。各窟群都开凿在马蹄山景色宜人的山谷间或近水的红砂岩崖壁上，相互距离2千米～7千米，每个窟群少则2窟，多则20余窟不等，洞窟排列有横向，也有高达7层者，窟龛分布乱中有致，远望十分壮观。石窟群内主要是北凉、北魏、西魏、隋、唐、西夏、元、明各个时期的造像与壁画，造像与壁画保存完整，内容丰富，是不可多得的石窟艺术珍品。部分石窟为古代甘州极具代表性的"凉州模式"石窟，是古丝绸之路上重要的历史文化遗存。

金塔寺是马蹄寺石窟群的核心组成部分，始建于北凉时期。洞窟开凿在距地面60多米的红砂岩崖壁上，有东、西二窟，均是平面为方形的中心柱窟，窟内保存彩色造像229身、壁画500多平方米，众像题材丰富，布局精巧，形态各异。造像系采用圆雕手法雕刻而成，既体现了影塑的传统特点，又富有创造性和想象力。古代匠人以高难度的表现

技艺、丰富的造型工艺，将佛、菩萨、力士、弟子、飞天、莲花生童子、天宫菩萨、供养菩萨等形象塑造得栩栩如生。东窟中心柱上的高肉雕飞天凌空悬塑，素有“东方飞天之精华”的美誉，在飞天艺术表现形式上独具一格。马蹄寺石窟群集自然风光、人文景观、文化风情于一体，具有很高的历史、科学和艺术价值，堪称绝壁上的艺术宝库。

马蹄寺全景

张掖市部分历史遗迹分布示意图

大河长沟寺

始建于清雍正十一年（一七三三年），一九八六年重新修建

大河长沟寺

大河景耀寺

又称『金窑寺』『经窑寺』，始建于清顺治年间。景耀寺石窟现存四十三个窟龛，是目前唯一一座存有反映裕固族宗教生活壁画的石窟

因寺院背靠一座红色大山而得名，始建于清乾隆年间，现存建筑为当代修建，主体建筑为藏式建筑

红湾寺

◎ 张掖市	地级行政中心
⦿ 高台县	县级行政中心
------	省级界
------	地级界
······	县级界
▲ 香古寺	重要历史遗迹

香古寺

始建于西汉元狩年间，现存建筑为二十世纪九十年代重建。北依明长城，南眺黑河，由一门（山门）三院一偏殿组成。建寺以来，历代诸多高僧大德都曾在此地讲经说法，鸠摩罗什牙舍利塔的神奇传说和仙姑护佑霍去病将军西征凯旋的传奇故事在此流传

香古寺

潘庄天主堂

始建于清光绪四年（一八七八年），现存教堂建于一九三二年，主体建筑是中华圣母堂，为巴洛克风格，其他建筑为后期所建

天主堂

圆通寺

始建于北宋，二〇〇四年在维修寺塔时发现一尊『万历二十三年三月吉日造』铭文铜造像

圆通寺

道德观

始建于清乾隆十六年（一七五一年），是张掖现存唯一的道教建筑

道德观

西来寺

始建于明代，初名慈云精舍，清康熙六十一年（一七二二年）改名为西来寺

西来寺

民乐童子寺

民乐童子寺石窟位于民乐县城东面约 10 千米的童子坝河中游东岸河水冲刷而成的一段砾石崖面上。现存遗迹有大小石窟 9 座 40 余孔，窟与窟之间有暗洞相连。

石窟分南北两部分，南北长 400 多米，高约 50 米，最初开凿于北朝时期。窟内有的壁画多达 5 层，表层为清代嘉庆时期所绘，中间层为唐代、五代、西夏、清代早期壁画，底层为十六国时期所绘。童子寺彩塑壁画集儒释道于一体，题材甚广，有佛教、道教之神，有民间俗神，北魏、隋、唐、元、明、清各代的均有，保存完好的为明、清时期的作品。菩提洞和天洞子内有密宗壁画，并塑有六大观音、五大明王、千手

民乐童子寺

千眼观音等像。

南窟 1 号洞所画的《西游记》壁画画面有《猴王出世》《悟空学道》《大闹天宫》《大战小白龙》《取经路上》等壁画，皆栩栩如生、生动自然。3 号洞壁画由五层构成，内容涵盖广泛，是研究不同时期历代壁画的珍贵资料。登临窟顶，眺望长河落日，远树含烟，令人心旷神怡；近观则石窟下方的童子寺一览无余。

童子寺在近年来陆续扩建，由青墙黛瓦的院落，砖木结构的大殿、地藏殿、观音殿、天王殿、罗汉堂、念佛堂、寮房、山门等组成。与童子寺紧邻的翟寨子水库，也称童子坝水库，如翡翠镶嵌山间，水面如镜，映照着四季更迭的景致。

张掖木塔

木塔寺又名万寿寺，坐落在甘州区县府街中心广场上。据清康熙年间的《重修万寿寺碑记》和清乾隆年间的《甘州府志》（下文《甘州府志》均为清乾隆年间的版本）记载，木塔寺始建于北周，重建于隋开皇

二年（582 年），后经唐贞观十三年（639 年）、清康熙二十六年（1687 年）两次重修，清末遭大风毁坏，1926 年再次重建。木塔寺原有配殿、厢房等建筑，后被逐渐拆毁，现仅存木塔和藏经楼两座主体建筑。

张掖木塔的建筑形式颇有特色，木塔是砖木结构的楼阁式塔，塔

张掖木塔

高 32.8 米。塔基平面呈正八边形，边长 14.7 米，塔身共 9 层，1 至 7 层由砖砌成，8、9 层为木质结构。塔面阔与层高自下而上逐层缩小，各层辟门窗或设假门窗，门上砖雕仿木结构斗拱，门边镌刻楹联。一层东门横额上写着“登极乐天”，西门横额上写着“入三摩地”。第九层原有古钟一口，声闻数十里，因此“木塔疏钟”成为“甘州八景”之一。木塔每层的八个角都有一个木雕的口含宝珠的龙头，塔顶呈八角伞形。木塔造型优美，结构精巧，塔内设有楼梯，可供登高。

藏经楼在木塔西侧 18 米处，俗称“黑楼”，平面呈长方形，面阔五间，进深三间，长 27.10 米，宽 13.70 米，坐西朝东，为两层楼阁建筑，重檐歇山顶，四周绕木构廊，气势宏伟，保存较好。张掖木塔对研究佛教、丝绸之路文化及河西建筑风格等具有重要意义。

张掖土塔

张掖土塔坐落在张掖市大佛寺东侧，原名弥陀千佛塔，为用砖块、土坯混造的土木结构建筑，初建于明代，其造型仿北京妙应寺白塔，喇嘛塔风格，外表通体抹白灰，为甘州五行塔之一。1927 年，张掖地震时土塔顶部被毁。20 世纪 80 年代，张掖有关文化部门根据张掖土塔原状组织对其进行修复。

张掖土塔由塔座、塔身、塔刹三部分组成，总高 33.37 米。张掖土塔建于边长 23 米的方形台基之上。主塔塔身为覆钵形，其上有一层须弥座，须弥座四周各开 5 个小龛，每龛内各置一佛像，龛前各悬一面铜镜。须弥座以上为十三重相轮，称“十三天”。塔上面是直径 4 米的木质圆盘，边缘吊有 36 块铜质垂檐，每块垂檐下悬挂一个风铃。圆盘上中央置铜质宝瓶形塔刹，塔刹高约 3 米，重 400 千克。

张掖土塔

岩画石刻

文殊山石窟

文殊山石窟位于肃南裕固族自治县祁丰藏族乡的文殊山山谷中，始凿于北凉时期，石窟、寺院依山而建，分布在“前山”和“后山”两个区域南北宽 1.5 千米、东西长 2.5 千米的范围内。

文殊山石窟现存不同朝代的洞窟 30 余处，由文殊寺洞、千佛洞、万佛塔、五百罗汉堂、观音洞等组成，保存有珍贵佛像 500 余身、壁画 1200 多平方米。全山现存较重要的前山千佛洞、万佛洞、后山古佛洞均为穹隆顶、平面近方形的中心柱窟。前山千佛洞和万佛洞的开凿形式、窟内壁画的题材内容、绘画技法和风格是石窟艺术早期从新疆传入凉州地区形成的“凉州模式”的代表。

文殊山石窟是丝绸之路星罗棋布的石窟群中比较重要的石窟之一。在现存的比较完整的壁画当中，文殊山前山万佛洞右壁（东壁）西夏时期所绘的巨幅《弥勒上生经变画》可以说是石窟群壁画中的瑰宝，也是专家和学者来文殊山必看的宝藏之一。《弥勒上生经变画》高 2.3 米，

千佛洞石窟中的飞天壁画

宽 3.05 米，共描绘了殿阁门楼等建筑 12 座、大小人物 239 人，整体呈“工”字形。画面上天宫耸立，人物众多，弥勒菩萨居中，除了正殿、后殿供养着弥勒菩萨及宝珠天冠外，在三个院落内眷属、内属布满其间，均侍立做供养状。《弥勒上生经变画》采用轴对称构图，对建筑物的描绘细致、准确。画中人物均着袍服，男的头戴朝天冠，女的梳髻，逼真传神，服饰描绘用笔流畅。《弥勒上生经变画》生动地表现了弥勒菩萨住兜率天宫，为教化诸天，昼夜六时说法的宏大场景。

榆木山岩画

榆木山为祁连山北麓余脉的一部分，位于肃南裕固族自治县大河乡境内，因产榆木而得名。榆木山岩画分布在海拔超过 2760 米的榆木山峡谷中的黑色寒武纪沙漠漆板岩和页岩上，质地相对较硬。

初步普查发现，榆木山有 100 多处、5000 余幅岩画，部分岩画凿刻于先秦。岩画主题内容主要有三类：一类是动物图，如羊、牛、鹿、豹、狗、狼、鹰、蛇等动物形象，以鹿形岩画最为夺目；二类是人物图，如人物狩猎、交战、策马奔腾、举旗等；三类是自然景观图，如太阳、月亮等。这些岩画采月线刻法或剔地法凿刻，工具多为坚硬的钝器。

榆木山岩画是一个罕见的露天岩画博物馆。各类岩画不仅生动地再现了古代游牧民族的生产活动和文化生活场景，反映了远古民族文明的历史，而且对研究古代祁连山生态环境和牧民的生活条件具有重要价值。

木头井子岩画

木头井子岩画位于肃南裕固族自治县大河乡大滩村境内，凿刻于青铜时代至秦汉时期，四周是大滩村秋季牧场。岩画有三组，第一组 78 厘米 ×49 厘米，第二组 85 厘米 ×54 厘米，第三组 67 厘米 ×95 厘米。

这些岩画系采用凿刻法或剔地法凿刻而成，手法原始质朴、粗犷古拙，内容主要是北山羊昂首奔跑等动物形象，动感十足，生动再现了古代祁连山地区草原牲畜形象，对研究当地古人类活动和早期人类绘画艺术有重要价值。

榆木山岩画

木头井子岩画

硖口摩崖石刻

硖口摩崖石刻位于山丹县老军乡硖口村东南侧的悬崖峭壁上，高约 10 米，青褐色石质，距地表 1.8 米，石刻宽 1.5 米，通高 1.4 米，面积约 2.1 平方米。

摩崖石刻行文自上而下、自右向左镌刻，为双线阴刻楷书。内容主体是“锁控金川”四个大字，其中“锁”字直径约 68 厘米，刻痕深 0.4 厘米～ 0.5 厘米，“控”字直径约 68 厘米，刻痕深 0.3 厘米～ 0.4 厘米，“金”字直径约 42 厘米，刻痕深 0.8 厘米～ 0.9 厘米，“川”字直径约 50 厘米，刻痕深 0.3 厘米～ 0.4 厘米。大字左边镌刻 31 个小字，行文自上而下、自右向左，双线楷书阴竖刻“大明嘉靖三十一载四月吉刑部郎中奉敕恤刑全陕前左给事中鄜陵陈棐书”，每个小字宽 4 厘米～ 5 厘米，刻痕深 0.2 厘米～ 0.3 厘米。

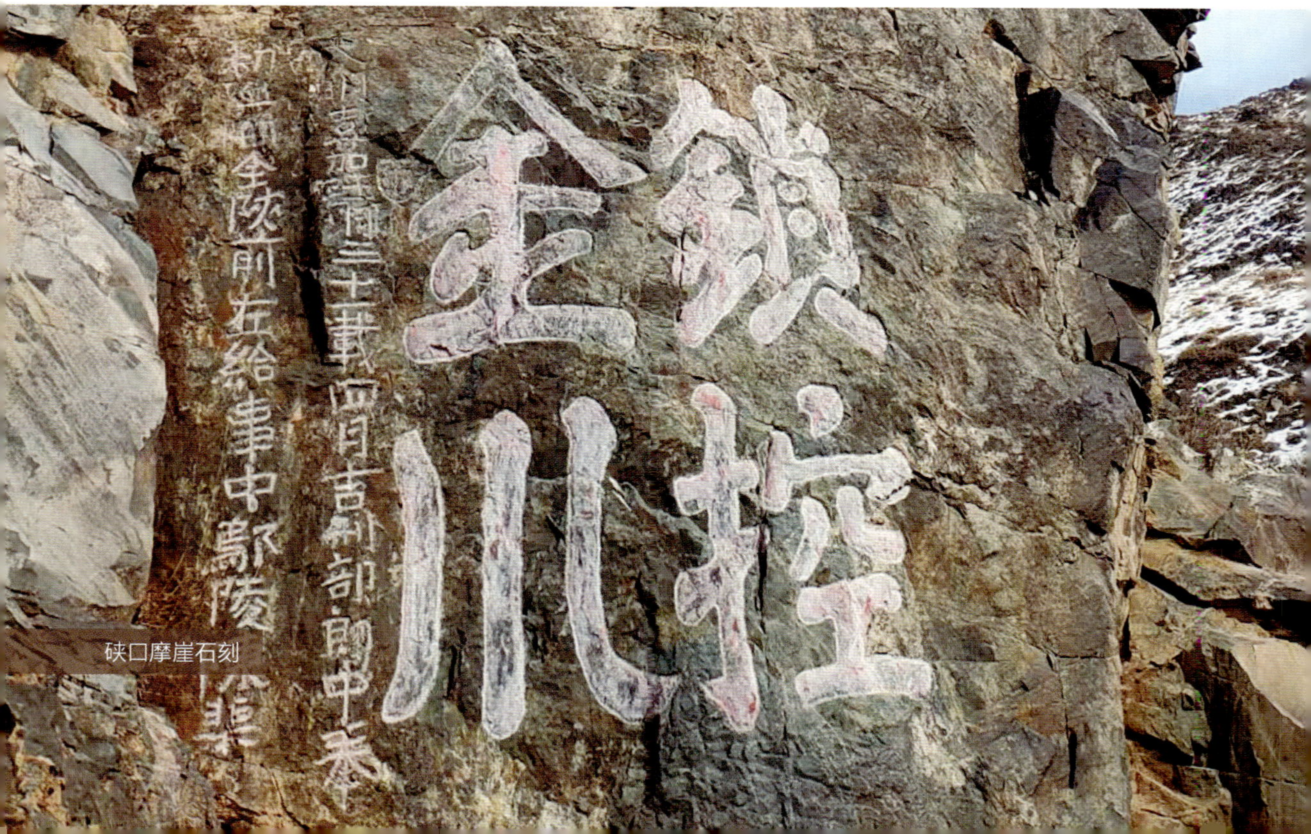

硖口摩崖石刻

大湖滩石佛崖石窟

大湖滩石佛崖石窟位于肃南裕固族自治县皇城镇大湖滩村，始凿于初唐，海拔约 2750 米。洞窟开凿在较易风化的砂岩岩体上，多数面朝西南方向，总计 8 座洞窟。西侧为 5 座排成一行紧紧相连的洞窟。东侧 3 座洞窟较为分散，其中 2 座洞窟分别悬于崖壁中间，难以登临；最东端的 1 座洞窟位于崖壁底部，窟口敞开，现仅残存用石块垒砌的挡风矮墙，窟内熏黑。洞窟自西向东分别编号，依次为第 1 至第 8 窟。现在仅有第 1 窟与第 3 窟以及第 5 窟中残存壁画或塑像。窟口均敞开，窟内崖体上雕刻有金刚、力士及佛教图案，窟内壁画损坏严重。

第 1 窟有两层壁画，底层壁画残存的飞天像非常生动，与莫高窟初唐时期壁画中的飞天如第 321 窟西壁龛顶的飞天像十分相似。第 3 窟为中心佛坛背屏窟，佛坛上塑造的倚坐佛像经过后代多次改建与重妆，应该是弥勒佛像。

大湖滩石佛崖石窟

特色村镇

屋兰古镇

屋兰古镇位于张掖市甘州区碱滩镇古城村东侧，距离城市中心约25千米。该景区依托非物质文化遗产甘州黄河灯阵，以“日观丹霞，夜游灯阵”为主体定位，通过文化旅游、农业产业融合发展，打造集文化、旅游、民俗体验、“非遗”传承保护、游乐探险、田园度假观光等诸多功能于一体的文化旅游综合体，开启了张掖旅游“夜游”模式。

据《甘州府志》记载，屋兰古城“城东五十里，今仁寿驿，俗名古城是也。汉张掖郡屋兰。东汉及晋作屋兰者，即此。”故屋兰古城也叫东古城，始建于西汉元鼎六年（公元前111年），明代称为“仁寿驿”，原是一座完整的城堡，周长约1.5千米，城垣由黄土夯筑，墙基厚12米，筑有内、外城，东、西两面正中辟门，无瓮城，俗称“算盘城”。城内有东西向主二大街，建有寺庙、牌坊。现城垣无存，西城门仅余残迹，上建重檐歇山顶城门楼；下面门道为砖砌拱券形城门，宽7.8米，长12.6米。城门两侧各残存一段2米长的城垣，夯土层厚

10 厘米～ 12 厘米，层间夹有柴草。

屋兰古镇南望祁连山，北依合黎山，素有“甘州东大门”之称。其中，古镇的标志性景点——甘州黄河灯阵入选甘肃省省级非物质文化遗产代表性项目名录。2019 年春节，屋兰古镇承办了中央电视台春晚倒计时西北分会场系列活动。屋兰古镇多次被中央电视台、新华社、《人民日报》以及海外媒体专题报道，社会影响力和美誉度不断提高。2020 年，景区打造的全国首部汉代军阵主题大型室外实景剧《张国臂掖》成功公演。2020 年 12 月，屋兰古镇景区成功创建国家 4A 级旅游景区。

屋兰古镇

速展村全貌

速展村

速展村是甘州区甘浚镇下辖村，距七彩丹霞旅游景区约 15 千米，是张掖市高起点规划建设的乡村振兴旅游示范村。以速展村特色街区乡村振兴战略为导向，依托距离七彩丹霞旅游景区较近的区位优势，速展村整合了 S18 沿线多个村社的民俗文化和产业资源：东有本合作社种植的旅游观光花海，南有丹霞大道，西有休闲度假多品种水果采摘园，北有绿色无公害高效设施大棚。

速展村通过打造集新型社区、现代农业、田园休闲、生态度假和休闲民宿于一体的田园综合体，促进农业转型升级，推进乡村旅游创新，调整产业发展结构，实现了农民增收致富和村集体经济发展壮大的目标。

速展村特色街区既具有入口门户名片效应的功能，也是乡村振兴发展的新景观、新载体、新名片、新亮点，更是其他美丽乡村建设的样板，对实施乡村振兴战略和建设新型美丽乡村具有重大的实践意义。

临泽丹霞口文旅小镇

丹霞口文旅小镇

临泽县丹霞口文旅小镇建筑风格独特，徽派建筑风格和西北建筑风格相结合，石墙灰瓦、飞檐斗拱，既有南方的婉约秀丽、玲珑精致，又有西北雄浑粗犷的豪迈气势，将古城风格融入民俗文化，集中展示了丝绸之路文化、民俗文化，实现了民俗文化与旅游的深度融合发展，是集特色美食、精品民宿、手工作坊、民居展厅、水系景观、娱乐体验、文化演艺于一体的全业态旅游景区。

在丹霞口大剧院上演的大型历史情景剧《回道张掖》，以发生于河西走廊的重大历史事件为主线，由“天赐丹霞”“张国臂掖”“古邑甘州”“炀帝西巡”“邦国会盟”五幕剧组成，是张掖市第一部以旅游文化演艺形式展示河西走廊的历史情景剧。河西走廊主题街区打造了以张掖民俗文化为主题、以历史故事为原型的彩楼招亲、篝火晚会、快乐巴郎、西域秘境等八大主题演艺节目，生动而又富有民族特色，同时增加了趣味性、互动性。

高庙村

李桥乡高庙村地处山丹县五大特色旅游景区的“掌心”位置，是去往焉支山和山丹马场两大特色旅游景区的必经之处，S590旅游风景线穿境而过，交通区位优势明显，发展乡村旅游和“路衍经济”资源禀赋丰富。

2022年，李桥乡抢抓甘肃省打造60个文旅振兴乡村样板村政策机遇，组织实施了高庙村农文旅融合发展产业园建设项目。项目总投资2200万元，占地面积约为2公顷。依托马营河流域和李桥水库优美的自然风光，在对原高庙记忆民俗馆、知青广场和老油坊等现有设施进行改造提升的基础上，高庙村建成高标准二层民宿4幢、徽派风格商业综合体6栋，商业区新建游客接待中心和餐饮服务中心各一处，并对沿线农户房屋进行风貌改造。游客接待中心设置当地特色农副产品及手工艺品展厅1个，餐饮服务中心从食材、烹饪工艺、餐具器皿、消费价格、餐饮服务等方面进行标准化管理，打造以“世博盛宴 · 西北罐罐席”为

品牌的乡村美食盛事。为进一步提升乡村旅游品质，打造景观小品 20 余处、水系连通工程 2 项，新建无助力游乐及休闲设施 5 处，夯筑城墙 1900 平方米，改造 S590 沿线农房 41 户，配套完成了绿化、亮化及水、电、路、暖等基础设施。

产业园于 2023 年 6 月建成投入运营，当年接纳游客 2 万人次，营业收入超过 200 万元，带动了区域内种植业和养殖业的发展。随着整体环境的提升和农文旅融合发展产业园的建设，高庙村人居环境、生态环境和旅游环境持续优化，已形成“乡村记忆——农耕馆”“乡村民宿——农家炕”“乡村味道——罐罐席”“乡村工厂——小作坊”“乡村田园——锦绣园”五张旅游文化名片，走上了农文旅融合发展的新路子，一个集特色餐饮、休闲娱乐、观光旅游、乡村住宿等于一体的乡村旅游综合体初具规模。高庙村现已入选“第二批全国乡村旅游重点村”“全省文旅振兴乡村样板村”“全国第六批传统村落”名录。

高庙村

山水田园

地质遗迹
雄奇名山
悠悠河流
壮美草原
雪山冰川
休闲胜地

地质遗迹

七彩丹霞

七彩丹霞旅游景区位于张掖市临泽县、肃南裕固族自治县境内，东距张掖市区 40 千米，北距临泽县城 20 千米，景区内分布着彩色丘陵

55 平方千米、土林地貌 20 平方千米，平均海拔 1820 米，是张掖世界地质公园的核心景观区。七彩丹霞旅游景区先后获得“中国最美的六处奇异地貌之一”“世界十大神奇地理奇观之一”“全球最刻骨铭心 22 处风景之一”“全球 25 个梦幻旅行地之一”等殊荣，被誉为“中国的彩虹山”，极具美学价值、保护价值、科研价值和旅游观赏价值。

彩色丘陵地貌景观主要由早白垩世（距今 1.35 亿—0.65 亿年）湖相沉积的泥岩和砂质泥岩在构造运动、流水与风力的侵蚀作用下形成，因岩层中所含矿物质成分不同而呈现不同色彩，以其色彩艳丽、层理交错、气势磅礴、景色壮观而举世瞩目，是不可再生、不可复制的地质遗迹资源。

独特的地貌景观吸引了国内外众多游客慕名而来，2023 年七彩丹霞旅游景区接待游客数量接近 300 万人次。近年来，先后有《一个都不能少》《神探狄仁杰（第三部）》《三枪拍案惊奇》《长城》《太阳照常升

七彩丹霞

起》等多部影视剧作品在此取景拍摄。

随着建设管理与地质遗迹保护水平的不断提升，2020 年 1 月，七彩丹霞旅游景区被中华人民共和国文化和旅游部批准成为国家 5A 级旅游景区。2020 年 7 月，以七彩丹霞为核心景观区的张掖地质公园成为世界地质公园。为提升品牌影响力，不断加大旅游设施建设力度，市、县人民政府与企业先后投资近 40 亿元建成丹霞快速通道、丹霞景观大道、丹霞七彩镇和景区综合游客服务中心等 30 多个重点项目，景区接待服务设施不断完善。

景区着力开发地质研学、低空观光、摄影采风、驼队观光等新型业态，编排演出光影演绎秀——《阿兰拉格达》。

冰沟丹霞

冰沟丹霞景区位于张掖市肃南裕固族自治县境内，是张掖世界地质公园的重要组成部分，景区海拔 1700 米 ~ 2500 米，总面积约为 300 平方千米，景观集中区域面积约为 130 平方千米，是中国北方干旱区丹霞地貌的典型代表。景区为存有早白垩世形成的红色砂砾岩层，发育有千姿百态的北方丹霞地貌。受季节性雨水径流的冲刷和风蚀作用的影响，这里形成了高山峡谷的地貌特征，峡谷两侧的砾岩和砂岩在构造运动和流水的冲刷和风力的侵蚀下，形成了大型的泥乳柱、叠板岩墙、风蚀体、峰丛等形状奇特怪异的丹霞地貌。

冰沟丹霞景区的景观类型主要有幼年期的“巷谷”“一线天”，壮年期的岩墙、峰丛、峰林，老年期的残峰、残柱等，这些景观以“顶圆、檐突、身陡、麓缓”为特征，记录了丹霞地貌不同的演化阶段。尤其是窗棂状—宫殿式丹霞地貌为张掖独有，被评为“窗棂状宫殿式丹霞地貌中国第一”，有极高的观赏和科研价值。

冰沟丹霞单体景观造型奇特、引人入胜，与中国南方丹霞对比，呈现独特的高寒干旱区丹霞地貌特征，丰富了“中国丹霞”学科的内涵，具有全球丹霞对比研究的科学意义，从而受到地学专家的高度关注和重视。该景区内发掘出的古动物化石——“肃南二齿兽”头骨化石和冰沟硅化木，具有极高的科研价值。

冰沟丹霞

平山湖大峡谷

平山湖大峡谷景区位于张掖市区东北约 50 千米、甘州区平山湖蒙古族乡境内，是国家 4A 级旅游景区，总面积约为 150 平方千米，是集自然风貌、观光游玩、徒步探险、地质科考、民俗体验于一体的复合型旅游景区，被《中国国家地理》杂志及中外地质专家和游客誉为比肩张家界、媲美科罗拉多大峡谷的地貌奇观。

平山湖大峡谷以流水沟壑地貌为基本特征，峡谷总体大致呈东西走向，两岸北高南低，宽 2 千米 ~ 15 千米，长数十千米。步入峡谷，仿佛置身迷宫，变幻莫测的色彩和奇异的形状令人目不暇接。景区由丹霞地貌群、东大山自然保护区、东山寺温泉、燃灯佛洞窟、北武当道

平山湖大峡谷

观、国际赛车城、西部影视基地等自然和人文景观构成。

景区内的丹霞地貌形成于中生代侏罗纪至新生代第三纪，面积约为 1040 平方千米，海拔 1500 米 ~ 2500 米，以规模宏大、气势磅礴著称。丹霞地貌以赭红色为主色调，山体多呈圆锥体或柱状，造型奇特，形态万千。

经过亿万年的沧桑变迁，大自然的神奇造化使平山湖大峡谷幽深险峻，峰林奇特瑰丽。

奇特的丹霞地貌、多彩的戈壁奇观、壮观的峡谷温泉、苍茫的高山烽燧、古朴的民族风情、多样的宗教文化，为打造自然风貌和人文景观交相辉映、游牧文化和农耕文化相互融合的生态旅游景区创造了良好的条件。

平山湖大峡谷丹霞地貌

悬堂寺丹霞

悬堂寺丹霞位于肃南裕固族自治县祁丰藏族乡青稞地村境内，因传说中的悬堂寺而得名，是至今鲜为人知的熔炼式红色砂岩风化怪石地貌，其“色”艳、“形”奇、“貌”怪、“态”神，令人叹为观止。

悬堂寺丹霞隐藏在深山中，由两条大峡谷组成，占地面积约为 30 平方千米，气势磅礴，造型奇特。悬堂寺丹霞以瑰丽的红色砂砾岩为主，并间有灰白、黄、深红等色彩。悬堂寺丹霞经千万年风雨沧桑，汲

天地日月灵气，形态千变万化，多窟多洞，如柱如林，诡异神奇，或左依右靠，或腾空而起，或直指云天，形似雄狮、银蛇、大鹏、金蟾等，不同视角可见不同形象，大自然的鬼斧神工在这里体现得淋漓尽致。畅游其中，令人恍如坠入神话秘境。

悬堂寺丹霞周边草原植被优良，松林、灌木茂盛，是休闲避暑之佳境。该处丹霞地貌蕴藏着巨大的旅游开发价值，已有不少户外组织和摄影爱好者闻名踏足。

祁连山悬堂寺鬼脸丹霞

雄奇名山

张掖地处河西走廊中段，南部祁连山横亘，群峰巍峨，山势连绵；中部平原广袤，地势平坦，绿洲、河流、荒漠、戈壁相间；北部东侧龙首山、西侧合黎山平缓低矮，山岩裸露。南北三山纵横，形成了张掖典型的走廊地貌格局。

祁连山

祁连山脉是我国主要山脉之一，因古匈奴呼天为“祁连”而得名。祁连山脉西接阿尔金山，东南接西秦岭，呈东南—西北走向，绵延千余千米。祁连山脉由几条大致平行的山脉组成，山、谷相间，地貌类型有高山、中低山和山间谷地，相对高差 800 米～ 3000 米，张掖境内最高峰素珠链峰海拔 5547 米，位于肃南裕固族自治县祁丰藏族乡境内。

张掖境内的祁连山脉为其中段和东段的一部分，长约 465 千米，南北宽 20 千米～ 75 千米。其中高山区位于肃南、民乐和山丹境内，自东向西由冷龙岭、走廊南山、托勒山、托勒南山等山系组成。中低山区主

祁连山酥油口风光

要指榆木山、东牛毛山、西牛毛山、大黄山、九条岭及盖章大坂地区和祁连山山前地带，分布在肃南、高台、甘州、民乐、山丹境内。山间谷地有黑河—珠龙关谷地、托勒河谷地和皇城河流冲积谷地三大区域。

祁连山区气候寒冷，山体形态阳坡陡峻，植被稀少；阴坡较缓，植被较密。中低山区山体绵延，峰高林密，风光旖旎，适宜林牧业生产，也是野生动物的美好家园。

山间谷地气候阴凉湿润，水源充足，土肥草丰，溪流密布，多分布泉水和沼泽，是良好的天然牧场和畜牧业基地。

祁连山云海

龙首山

龙首山又名甘浚山，位于河西走廊中段北部，属于天山余脉河西走廊北山的东段，是河西走廊与阿拉善高原的分界线。龙首山的东段在甘肃省金昌市境内，西段在甘肃省张掖市境内。龙首山东西长约 195 千米，宽 30 千米～ 35 千米，海拔 1900 米～ 3639 米，气候为大陆性荒漠气候和大陆性草原气候。龙首山海拔 2900 米以上主要为高山森林景观，有青海云杉、山柳等；海拔 2900 米以下主要是以草本植物为主的荒漠景观。

远望龙首山支脉东大山

商周时期，龙首山一带为西戎、西羌诸族的游牧地，战国至秦为乌孙、月氏地。汉初，龙首山一带属匈奴右地，后经三国、晋、南北朝战乱纷争，到隋唐时期再次统一到中央政权下。龙首山是河西汉民族政权与漠北少数民族政权的分界线，也是战略要地。

龙首山有130.6平方千米被划入甘肃祁连山国家级自然保护区。龙首山区域的主要保护对象为青海云杉及其森林生态环境，区域内有国家重点保护动物岩羊、鹅喉羚、猞猁及草原雕、金雕、暗腹雪鸡、鸢等。

合黎山

合黎山位于河西走廊中部，地处甘州区和临泽县、高台县北部，海拔 1380 米～ 2278 米，山北是内蒙古的腾格里沙漠、巴丹吉林沙漠；山南与祁连山遥相呼应，两山之间就是著名的河西走廊。

合黎山景色是“高台十景”之一——“屏画黎山”。合黎山在高台县城北，因此高台人又称其为北山。合黎山山地由剥蚀低山丘陵和山前高原组成，山体属丘陵状杂色岩石地貌，土石红黑相间，色泽丰富，层

合黎山与正义峡

理交错，一些地段呈现出多彩丹霞的特征，在朝晖夕阳的映照下宛如一幅绚丽多彩的画卷。

合黎山如龙蛇起伏，山上怪石嶙峋，风蚀石林如石城、如军阵、如奔马、如卧牛。合黎山南麓有多座汉、明烽燧，山前有汉、明长城遗迹，是古代河西丝绸之路的北部屏障。这里是人们探寻远古神话、探险旅行、领略“屏画黎山”壮美风光的一处名胜。

悠悠河流

黑河

黑河是我国第二大内陆河，也是甘肃河西走廊三大内陆河中水流量、长度、流域面积最大的一支，汉时称“羌谷水”，亦称“黑水”“弱水”。《尚书·禹贡》记载：“导弱水至于合黎，余波入于流沙。”弱水即黑河，流沙指弱水尾闾湖居延海。

黑河发源于祁连山脉的八一冰川，流经青海省海北藏族自治州祁连县，张掖市肃南裕固族自治县、甘州区、临泽县、高台县，从合黎山的正义峡出张掖，进入酒泉金塔县和东风航天城，最终流经下游内蒙古自治区额济纳旗，进入居延海。河水水源主要来自冰川融水、大气降水和山泉水。

黑河干流全长928千米，流域面积达14.3万平方千米，以莺落峡和正义峡为界，分为上、中、下游，跨越三种不同的自然地理环境。莺落峡以上为上游，全长303千米，两岸山高谷深，河床陡峻，水流湍急，水能资源丰富，是黑河的水源涵养区，植被以原始森林和高山草甸为主。莺落峡至正义峡区间为中游，全长204千米。出莺落峡后河床渐宽，纵坡变缓。中游所在的张掖盆地是河西走廊中段最大的水文地质盆地，区域内渠网密布，两岸地势平坦，光热资源充足，湖泊、湿地广布，为黑河径流的灌溉农业利用区和生态景观区，农牧业开发历史悠久。正义峡以下为下游，全长411千米，除河流沿岸和居延三角洲外，大部分为沙漠戈壁，属极端干旱区，生态环境脆弱。

黑河草滩庄水利枢纽工程

大美黑河

马营河（山丹河）

马营河上游名为白石崖河，中游名为马营河，下游名为山丹河。白石崖河发源于祁连山冷龙岭北麓，从源头向北至白石崖口出山，出山后流经大马营滩，至双泉村一带泉水出露汇成马营河。马营河至高庙南 1.5 千米处纳霍城河，沿途补入大黄山泉水，至山丹焦化厂东南与寺沟河汇合，至山丹城以西，称为山丹河。山丹河向西流入南草湖、西草湖，至东乐纳童子坝河，至民乐新天镇太平堡村纳九龙江，至甘州区三闸镇庚名村汇入黑河，全长 192 千米。

马营河纵贯山丹县全境，上游毗邻焉支山省级森林公园。在马营至李桥一段，两岸山杨枝繁叶茂，或成片、或成行、或三五株聚集，随

马营河

地形自然分布。清晨和傍晚，在袅袅炊烟或薄雾笼罩下，绿树、村庄、田畴若隐若现，呈现出一幅优美和谐的田园画卷，这一段也成为众多摄影爱好者的天堂。位于马营河下游的山丹南湖植物园，集自然景观与历史人文景观于一体，园内有发塔寺、常青苑、转轮亭、昭文堂等建筑，栽植圆柏、云杉等各类景观树，绿树成荫，碧草如茵，繁花似锦，湖水清澈，空气清新，是观光旅游、放松休闲的好去处。祁家店水库位于马营河（山丹河）下游，依托水库形成的祁家店水库湿地水生态环境不断改善，湿地沼泽面积持续增加，吸引了越来越多的鸟类在此栖息。每年开春和秋末冬初，都有白鹭、黑鹳、天鹅、赤麻鸭、黄鸭等多种野生候鸟在此停留，祁家店水库湿地成为候鸟迁徙路上的“驿站”。

梨园河

梨园河是黑河的一级支流，上游为隆畅河，中游为梨园河（古称“响山河”），下游为大沙河，全长 149 千米。

梨园河发源于祁连山北麓红双岔子横梁，上游与黑河西岔毗邻，主要水源为祁连山冰川融水、降水及山泉水，河流自西向东流至白泉门转向东北，至肃南裕固族自治县城所在地红湾寺，汇东、西柳沟河，其间称为“隆畅河”。再纳入清沟、海牙沟、白杨沟之水，经骆驼脖子、梨园堡出山，此段称为“梨园河”，梨园堡以上流域面积为 2240 平方千米。出山后，河流转向北流，俗称“大沙河”，从临泽县城东侧直下，

梨园河上的红山湾水库

至野沟湾汇入黑河。

梨园河使得临泽出现了百泉喷涌、沼泽遍布的景象，形成了碧水蓝天、田畴如画的环境，临泽因此有了“戈壁天堂”的美称。

近年来，肃南裕固族自治县通过实施加固加高隆畅河防洪堤，清淤河道，修建溢流坝，铺设管道，绿化、美化、亮化河道两岸等一系列综合治理工程，打造了裕固风情苑和裕固族特色村寨核心景点，建成了集自然风光、人文景观、民族风情、宗教文化于一体的生态旅游景区，形成了春赏花、夏避暑、秋观动物、冬戏雪的旅游体验方式，让游客在一年四季感受不一样的风景。

洪水河畔

洪水河

洪水河位于民乐县境中南部，由南向北穿行，汉名氐水，魏晋称“元川”，唐为金山河，亦名大河。元时，人们在大河口老金山下筑关，称“西水关”，故大河又被称为“西水河”。明时，因西水河流经的山谷两岸土石皆为赤色，西水河遂易名为洪水大河，俗称“洪水河”。

洪水河发源于祁连山龙孔岭北坡，源头东起卡登山，西至青羊大坂。洪水河全长 102.6 千米，其支流有刺疙瘩、石灰窑、杂尕峡、东道流、西道流、大长湖、正南沟等。洪水河由西南向东北流至双树寺出山，转向西北，经民乐县城西至石岗墩滩干柴墩，与大、小都麻河，海潮坝等河汇为九龙江，在太平堡汇入山丹河。

洪水河南北贯穿民乐县，是民乐县的主要河流。近年来，民乐县在洪水河流经县城的东侧河段修建了多级拦水坝和亲水长廊，营造人水和谐的新景象。

摆浪河

摆浪河

摆浪河又名山水河，是黑河流域中部重要支流之一，由南向北穿行于峡谷之中。摆浪河发源于祁连山腹地，至摆浪河水库长约 33 千米，流域面积约为 221 平方千米，年径流量约为 0.409 亿立方米。出摆浪河水库至新坝，经元山子、骆驼城，汇集水关河、石灰关河，北流注入黑河。摆浪河全程长约 64 千米。

摆浪河水库位于祁连山山脚下，距高台县城 50 多千米，沿岸五弯九曲，渊险流急。当地群众从 1958 年开始先后在长沟寺、四湾建坝拦河，历经艰难，最后在五湾建成了这座山谷水库。水库最高处坝高 43.5 米，横跨长度为 465 米，坝宽 6 米。水库下游约 11 千米处，还建有一座长 218 米的高架过河渡槽。高峡出平湖，这是几代人用心血和汗水筑成的水利奇迹。水库左右两侧在施工中被人力削平的十多座山峰已化作梯田，层峦叠翠，峡谷幽幽。

西大河

西大河发源于祁连山冷龙岭脑儿墩，古称“大河坝”，藏语称为“巴玛敦当”，意为千朵莲花。其支流有平羌沟、红沙河、娃娃山河、大横沟等。西大河属石羊河流域，流经山丹马场，在下游汇流处建有西大河水库，西大河在张掖境内全长约 34.8 千米。

西大河水库又称“鸾鸟湖”。传说，汉代军士在此设障筑城，因周边山形似鸾鸟展翅，将山命名为鸾鸟山，山下所筑之城便称“鸾鸟城”。

地处高原的鸾鸟湖宛如明镜，雪峰倒映，云影盘桓。湖畔，风吹草低，骏马奔驰。初夏时节，大量鸟类在此栖息、觅食。

西大河水库下游是长逾 20 千米的窟窿峡风景区，该景区因河床分布暗洞和地下潜流而得名。这里崇山峻岭，林木葱茏，峡谷幽邃，流水潺潺。峡壁岩石形态各异、巧夺天工，有剑门关、鳄鱼潭、骆驼峰、神仙窟、镇河石、恐龙观山等景点。夏日的窟窿峡风景区青松翠柏，奇花异卉，草绿林密，幽静可人，是旅游避暑的理想去处。

西大河印象

壮美草原

山丹马场

山丹马场位于张掖市境内祁连山冷龙岭北麓，总面积约为2196.93平方千米，是世界上历史最悠久的皇家马场，也是世界第一大军马场。西汉元狩二年（公元前121年），骠骑将军霍去病创建此军马场。

山丹马场素有“丝路绿宝石”之称，草原地势平坦广阔，水草丰美，夏季绿草如茵，冬季一片金黄，是养殖马匹的理想场所。自西汉以来，山丹马场以当地蒙古马为基础，引进各种西域良马，二者杂交培育出的山丹马驰名天下，这里遂成为历代皇家军马养殖基地。山丹马体形匀称、粗壮结实，耐粗饲，适应性良好，速度和持久力俱优，是驮、乘用的良骥。

山丹马场南有焉支山人文景致，东有神秘瑰丽的窟窿峡自然景观，中部是一望无际的大马营草原，夏季平均气温18℃，是旅游避暑的胜地。山丹马场的旅游资源主要有草原型综合类自然风光、大型机械化农业观光项目和山丹马种群及马运动项目。流连至此，极目远眺，碧松雪

山丹马场万马奔腾

岭，清秀素洁；茫茫大草原，广袤雄浑，丹马驰骋。置身其间，山间河水清流激湍，映带左右；盛夏时节，万顷油菜花盛开，金波摇曳，芳香醉人。窟窿峡、大黄沟、平羌口等自然景观，山环水曲，峰崖奇秀；古城堡、明烽燧巍然而立，令人回味悠远。

皇城草原

皇城草原又名夏日塔拉草原，裕固语称其为“金色草原”，因其中留存皇家城池而得名，总面积约为3830平方千米。皇城草原景色优美，风光旖旎，尤其到了夏秋季，辽阔无边的金黄色草原，宛如一幅梦境般美丽的画卷呈现在人们面前。碧波荡漾的皇城水库、繁花似锦的百花掌、飞架南北的上石桥、绿草如茵的庙儿沟以及奔流不息的西大河赋予皇城草原无限的生机与活力，皇城草原因此吸引了众多摄影爱好者前来拍摄，也成为众多影视剧理想的取景地，被称为“影视草原”。

皇城草原

康乐草原九排松牧马图

康乐草原

康乐草原分布在肃南裕固族自治县康乐镇境内的走廊南山北麓、黑河干流及其支流梨园河之间，裕固语称其为赛罕塔拉，意为美丽的草原，当地的牧民又称这片草原为马场滩。康乐草原还是一个平均海拔3000 米的“空中草原”。康乐草原气候湿润凉爽，景色优美。九排松景观因九排排列有序的青松而得名，是康乐草原上久负盛名的一个景点。

康乐草原生物多样性丰富，发育有高山草甸、典型草原、山地荒漠草原、青海云杉等植被。草原上栖息着肃南马鹿、白唇鹿、马麝、棕熊、猞猁、雪豹、岩羊、蓝马鸡、雪鸡等珍稀动物，这些生灵给康乐草原增添了生机与活力。

该景区内已建成两处集娱乐、观光、餐饮于一体的旅游接待点。

肃南马鹿

肃南鹿场

肃南鹿场位于肃南裕固族自治县大河乡境内海拔 2700 米～ 3500 米的高山坡谷中，拥有可利用草原 12 平方千米，该处草原属典型的高寒草原。肃南鹿场被群山环抱，山腰处青海云杉连绵不断，金露梅、沙棘点缀其间，山坡上绿草如茵、牧草繁茂。

肃南鹿场始建于 1958 年，现驯养有国家二级重点保护野生动物肃南马鹿（又名白臀鹿、祁连山马鹿）600 多只。马鹿，俗称白臀鹿，是鹿科、鹿属动物。该鹿体型高大，体躯结实，尾短，四肢较长，蹄呈椭圆形。肃南鹿场养殖的肃南马鹿以放牧为主，舍饲为辅，是目前国内唯一的在高海拔地区以放牧为主要饲养模式的马鹿养殖场。肃南裕固族自治县抢抓发展机遇，以肃南鹿场为基础，启动实施了肃南县祁连山马鹿文化产业园项目。

雪山冰川

素珠链峰

素珠链峰是走廊南山主峰，又称“祁连峰”，藏语名为“岗格斯链”，位于肃南裕固族自治县祁丰藏族乡境内的走廊南山中段，东西宽约 38 千米，南北长约 50 千米，海拔 5547 米。素珠链峰之名来自其峰顶的冰川，这些冰川呈念珠状串联排列，故得名“素珠链”。

就地质构造而言，素珠链峰地处北祁连加里东褶皱带，是受北西西向深大断裂控制而形成的断块山，山势陡峭，岩峰高耸。在长期的地质作用下，这里角峰、冰斗、羊背石、冰水阶地、冰面湖等冰川地貌广泛发育，冰川面积约为 89.4 平方千米，冰储量达 3.588 立方千米。其中最大的冰川为北余年冰川，面积约为 7.02 平方千米，冰储量达 0.5827 立方千米，平均长度 4.2 千米，平均宽度 1.7 千米，平均厚度 83 米。丰富的冰川水资源，使这里成为洪水坝河、羊龙河、丰乐河的发源地。20 世纪 80 年代以来，国内外一些专业的登山队登顶素珠链峰。攀登素珠链峰具有一定危险性。

走廊南山主峰——素珠链峰

七一冰川

七一冰川位于肃南裕固族自治县祁丰藏族乡境内、祁连山中段托来山北坡，属大陆型冰斗—山谷型冰川，具有冰斗、冰舌、冰碛垄等冰川地貌典型特征。它是由我国科技工作者和苏联冰川学专家于 1958 年 7 月 1 日发现，并以发现日期命名的一座高原冰川。该冰川斜挂于坡度小于 45°的山坡上，冰层平均厚度为 78 米，最厚处达 120 米，冰峰海拔 5150 米，冰舌前沿海拔 4360 米，总面积约为 2.78 平方千米。

七一冰川景观奇特，远望似银河倒挂，白练悬垂；近看则冰舌斜伸，冰墙矗立，冰帘垂吊，冰斗深陷，神秘莫测。每到夏秋季节，冰峰在蓝天丽日下分外晶莹耀眼，与潺潺的溪流以及绿草如茵、鲜花盛开的高山牧场，共同构成一幅恬静而又充满无限生机的迷人画卷。

七一冰川

八一冰川

八一冰川又叫小沙龙冰川，位于肃南裕固族自治县大河乡松木滩村与青海省祁连县野牛沟乡交界的山峰顶端，是中国第二大内陆河黑河干流河源区的山岳冰川。1958 年，中国科学院高山冰雪利用研究队在此地考察，于 8 月 1 日发现了这条冰川，因此将它命名为“八一冰川”。它是发育于平缓山顶的冰川，面积为 2.8 平方千米，长 2.2 千米，平均

宽 1.4 千米，平均厚度为 50 米，冰储量为 0.15 立方千米。冰舌末端海拔 4520 千米，冰面最高点海拔 4828 米。

八一冰川深藏祁连山腹地，保持着原有的自然状貌。冰川西侧陡立，形成约 20 米高的“冰墙”。冰床地貌崎岖不平，在海拔 4700 米～4760 米的冰川中部，冰面坡度略大于 5°，冰面相对平缓，属典型的冰帽型冰川。

八一冰川

休闲胜地

张掖国家湿地公园

张掖国家湿地公园位于张掖城北、黑河东侧，处于黑河与山丹河交汇的三角地带，公园规划总面积约为1347公顷。公园内现有保护完好的沼泽湿地、湖泊湿地、河流湿地约1000公顷。公园被划分为湿地保育区、湿地恢复重建区和合理利用区3个功能区。公园有植物45科122属197种；野生动物100多种，其中国家一级重点保护野生动物3种，国家二级重点保护野生动物23种，省级重点保护野生动物7种。

张掖国家湿地公园自2009年3月开工建设以来，在张掖市委、市政府和甘州区委、区政府的关心支持下，按照“保护优先、科学修复、合理利用、持续发展”的基本原则，重点组织实施了退耕还湿、水源涵养、水系疏浚、植被恢复、动物栖息地、景观绿化、旅游服务等生态恢复项目和旅游服务等工程。借助亚行贷款湿地保护与治理项目和山水林田湖草生态修复项目，张掖国家湿地公园有效改善和提升了基础设施条件。截至目前，公园已累计完成退耕还湿约210公顷，恢复湿地植被约

334 公顷，疏浚渠系 23 千米、河道 4 千米，修筑围堰坝 11 道，形成湿地自然湖泊水面约 187 公顷，建成木质栈道 21.1 千米、公园道路 1.5 千米、电瓶车道 12.9 千米、健身步道 4.2 千米，建造观鸟亭 8 座、景观桥 18 座、宣教亭 20 座，配套完善了入口广场、游客服务中心、观景亭廊、导览标识系统、动植物介绍标识、环卫宣教等基础设施。

张掖国家湿地公园已成为集生态保护、科研监测、科学研究、资源管理、生态旅游、宣传教育和生物多样性保护等功能于一体的国家级湿地公园，成为我国典型的内陆河流域、荒漠化地区湿地生态系统和珍稀濒危野生动植物物种保护的示范区，是展示张掖生态文明建设成果的重要窗口和拱卫张掖环境的“加湿器”“制氧机”，也是市民、游客休闲娱乐的美丽后花园。

芦水湾生态旅游景区

芦水湾生态旅游景区位于张掖市滨河新区西侧，傍黑河而建，依湿地而生。景区占地面积约 3 平方千米，总体布局为“一片二带三湖八景九点”。“一片”是由 1.5 平方千米草地、林地、花卉组团形成的、翡翠般的自然植被景观；“二带”是围绕湖区、穿梭在绿化景观带的电瓶车自然风光游览观光车道和生态历史文化宣教展示健身步道；“三湖”是梯级分布的燕然湖、云中湖、居延湖三大湖所形成的面积为 1.5 平方千米、蓄水量为 265 万立方米的水面景观；“八景”分别是水天一色、泻玉瀑布、居延灯秀、云中之恋、林海探幽、燕然烟霞、西游胜迹、芦水冬韵；“九点”是以水天一色广场为主的九个休闲文化小广场。

芦水湾生态旅游景区

扁都口生态休闲旅游景区

扁都口生态休闲旅游景区位于祁连山腹地、民乐县东南部，距民乐县城 28 千米，为国家 4A 级旅游景区。扁都口因地处甘青咽喉、丝绸之路要冲而有“河西走廊南大门”之称。旅游区海拔 2500 米左右，盛夏时节最高气温不超过 30℃，冬季最低气温可达零下 20℃，是一处融关隘文化、自然文化、田园牧歌、休闲度假为一体的高原生态旅游区。

景区主要景观有万顷油菜花海、高原牧场、大斗拔谷、石佛岩画、娘娘坟、黑风洞、诸葛碑等。除自然和历史景观外，景区内还增设人文景观，包括国际自驾游营地、胶囊宾馆、汽车旅馆、烧烤木屋、骑马体验区、扁都口标本艺术馆、田园滑草场等。

扁都口生态休闲旅游景区

秀美焉支山

焉支山省级森林公园

焉支山又名胭脂山、燕支山，俗名大黄山，位于山丹县城南 40 千米处，最高峰毛帽山海拔 3978 米，焉支山省级森林公园为国家 4A 级旅游景区。这里自然风光秀美，山上林海松涛、碧波无际，山下沟壑纵横、清泉淙淙。毛帽山上的百花池是消夏避暑胜地。山中盛产大黄、黄芪、南沙参、秦艽等药材，麝、岩羊等野生动物出没其间。

焉支山历史文化厚重。霍去病率兵大败匈奴，将焉支山正式纳入汉室版图。隋大业五年（609 年），隋炀帝西巡，在焉支山下接见西域 27 国王公使节，并举办了“万国博览会”，因此焉支山也被称为世博会的发源地和“国博故里”。诗人李白、韦应物、岑参、王维等均留下了赞美焉支山的优秀诗篇。农历六月初六是钟山寺庙会日，每年此日，山丹及邻县群众来此朝山观景，传统风俗延续至今。

高台月牙湖公园景区

高台月牙湖公园

高台月牙湖公园位于高台县城关镇人民西路西端，由月牙湖公园和垂钓园两部分组成，占地面积约为37公顷，其中水域面积为12.4公顷，为“高台十景”之一——“湖映月牙”。自1992年开发建设以来，公园先后建成了东门仿古建筑、九龙共贺盛世的砖雕、巨龙腾起的中华湖，临水而建、宛如蛟龙的五龙亭，古色古香的仿古四合院、供游客娱乐餐饮的度假村、休闲竞技的垂钓园、设施齐全的儿童游乐场，集教学、健身于一体的滑冰馆等景（观）点，形成了“四湖五岛九桥十六亭”等设施景观。2010年，高台月牙湖公园被国家体育总局命名为“国家级全民健身户外活动基地”。如今的月牙湖公园风景秀丽，小桥流水如画，游人如织，林荫小道曲径通幽，娱乐项目其乐无穷，已成为远近游客旅游、休闲、度假、健身的好去处。

临泽县流沙河景区

流沙河景区位于临泽县城东南，地理位置优越，交通区位优势明显。流沙河景区与张掖七彩丹霞、黑河流域乡村旅游产业带串联，形成了“一区一园一带”的旅游发展格局。

近年来，各方先后投资10多亿元，整治河道15千米，形成水域面积约100公顷、绿化面积1500公顷，配套建成3座跨河大桥、4个休闲广场、5处亲水平台、11座蓄水堤坝、20千米景观大道，建成枣乡路等景区外部道路，修建体育公园1处，营造了丹霞山、生态植物园、音乐喷泉、西游文化主题苑、石林碑刻等一系列特色人文景观，构筑了新的城市风景区和旅游休闲娱乐区，呈现出自然景观与人文景观浑然一体的园林化生态城

市美景，展现了“清江临沙河五湖春风吹万物，碧水泽福地一池秋水润千畴”的人文生态画卷，形成了大水面与大绿地交相辉映的城市景观，改善了绿洲环境，筑牢了生态屏障，彰显了临泽“戈壁水乡”的独特风韵。

近年来，流沙河景区举办了全国轮滑青少年体育俱乐部联赛暨甘肃省第九届大众轮滑锦标赛、临泽生态马拉松赛、2020 年“鸿健杯”中华垂钓大赛甘肃“鸿健杯”钓鱼比赛暨 2020 年“鸿健杯”甘肃省乡村旅游休闲垂钓大赛临泽站等节会赛事活动，不断扩大旅游影响力和知名度，景区游客接待量呈逐年增长态势，实现了旅游经济效益、社会效益、环境效益的共赢。2018 年，流沙河景区通过国家旅游质量等级评定委员会评审，被正式评定为国家 4A 级旅游景区。

临泽流沙河景区

高台大湖湾风景区

高台大湖湾风景区总面积约为 10 平方千米，其中水域面积约为 5 平方千米，建有湖心岛、水上龙宫、崇文楼等，为国家 4A 级旅游景

区。景区内地势低洼，水量丰富，适合多种鸟类栖息繁殖，有国家一级重点保护野生动物黑鹳和国家二级重点保护野生动物天鹅、白鹳等候鸟在此栖息。景区内土壤肥沃，适合多种植物生长，植被覆盖率达 95%。

祁连山下大湖湾内赛龙舟

裕固风情走廊

裕固风情走廊是集冰川雪山、原始森林、天然草原、峡谷深涧、丹霞地貌于一域的地貌大观园，为国家 4A 级旅游景区。景区起点距张掖市区 50 千米，沿路串联起高车穹庐、万佛峡、肃南红西路军纪念塔、裕固文化体验基地、裕固歌舞表演场等景点，全长近 27 千米，汇聚了七彩丹霞之苍茫、旖旎草原之辽阔、原始森林之静美、浩渺雪山之圣洁。裕固族独特的历史文化、民族风情和大美的自然风光融为一体，集中展示了裕固族历史文化和祁连山自然风光。

肃南裕固族民俗度假区

肃南裕固族民俗度假区位于肃南裕固族自治县红湾寺镇境内，为国家 4A 级旅游景区。景区以裕固风情苑、裕固族特色村寨为核心，由隆畅河风情线将景区内的中华裕固风情苑、红色记忆主题公园、裕固族特色村寨、西柳沟民俗风情特色街区、索朗格国际赛马场、裕固族博物馆、裕固族非物质文化遗产保护传承中心、游牧文化中心等景点景观串联起来，形成了集自然风光、人文景观、民族风情、宗教文化于一体的旅游景区。

巴尔斯生态旅游景区

巴尔斯生态旅游景区位于肃南裕固族自治县大河乡西岔河村境内、祁连山北麓中段。巴尔斯在裕固语中意为“高大、雄伟、神圣”。景区内呈东西向分布有六座雪山，其中主峰巴尔斯雪山海拔 5118 米，是裕固族人心中的神山圣地。

景区主要由雪山、冰川遗迹、河流、湖泊和高山草原组成，景致保持着自然界的纯粹，山下居住着裕固族同胞，因其独特的地貌人文景观、丰富的冰川遗迹和原生态的自然风光，被誉为“祁连山秘境”“丝绸之路璀璨耀眼的明珠”“户外运动天堂”“中国西部秘境”“东方阿尔

卑斯”。景区是冰雪体验和徒步摄影爱好者的天堂，也是初级雪山攀登训练的绝佳山地。

景区内不仅有气势恢宏的冰川地质遗迹、壮丽神圣的雪山，还有辽阔的草原、五彩斑斓的森林和碧蓝通透的雪山天池，具有地质遗迹和生态系统的自然性、典型性、稀有性和优美性，呈现出“雄、奇、秀、幽、旷”的自然美。

巴尔斯生态旅游景区是以雪山观赏、生态体验、自然教育、科考科普为主的生态旅游景区。中央电视台《远方的家》《黄金线路》栏目对该景区进行了专题拍摄宣传，进一步提高了巴尔斯雪山景区的知名度。

巴尔斯雪山

文化遗珍

丝路文化 民族文化 游牧文化 农耕文化 边塞文化 长城文化

丝路文化

张掖地处河西走廊中部，自古以来便是中西交通的咽喉要道和南北各民族交往的十字路口。西汉建元二年（公元前 139 年），汉武帝派张骞出使西域，又于元狩二年（公元前 121 年）春夏两次派骠骑将军霍去病率骑兵深入河西，击败了盘踞在河西走廊的匈奴，打通了东西交通的道路。丝绸之路东起长安（今西安），经河西走廊的武威、张掖、酒泉、敦煌进入新疆境内，沿天山南北路西行，越过葱岭（今帕米尔高原），进入大夏（今阿富汗和塔吉克斯坦境内），经过条支（今伊拉克境内）、安息（今伊朗境内），到达大秦（今地中海地区），全长 7000 多千米。丝绸之路东段自长安进入甘肃境内到达张掖的主要路线大致有南、北、中三条，三条路线在张掖会合后，由张掖向西合并成一条道路，至敦煌后向西又分为三条路线，分别达大秦。由此可见，张掖在丝绸之路上所处位置的重要性。

自丝绸之路开通以来，在这条商贸文化大通道上往来的主要有四类人。他们的足迹对丝路文化的形成和发展产生了积极且深远的影响。

第一类人是中原与西域各国的使者。第一批使者的代表人物是张骞。张骞于西汉建元二年（公元前139年）和元狩四年（公元前119年），两次去西域寻找大月氏和乌孙，希望与之联合抗击匈奴。虽然这两次出使都没有取得成功，但他发现的一系列新的国家和民族打开了汉朝的视野。从此之后，这个刚刚步入统一的集权王朝变成了国际事务的参与者。丝路文化由此也被赋予一个重要的属性——外交。

据史料记载，张骞出使西域后，随着汉朝人对西域地理知识的增加，仅汉武帝时期就派出了大量使团前往西域，使者相望于道。西域部分部落也遣使向汉王朝进贡宝马、鸵鸟蛋等新奇的物品。

第二类人是前往征战的将士。骠骑将军霍去病两次出击匈奴，连获大捷，迫使匈奴撤到漠北地区。

第三类人是西行求法的僧人，最著名的是法显和玄奘。他们两人都是通过张掖走向西域的。不同的是，法显的路线是从长安到兰州，然后从西宁翻越祁连山到张掖，从印度走南海道返回。玄奘的路线是从武威进入张掖，从印度返回时仍然沿西域道。

法显和玄奘除了翻译佛经，还在各自的著作中记载了他们往返西域的详细行程。在张掖大佛寺内有一幅西游记壁画，该壁画以连环画的形式，描绘了唐僧取经的故事。今天在张掖境内，还可以找到《西游记》小说中的高老庄、流沙河、晾经台、牛魔王洞等诸多遗址。这也充分证明，丝路重镇张掖是玄奘西行的必经之地，也是《西游记》部分故事的发祥地。这些故事在张掖民间不断流传、演变，形成了独具张掖特色的西游文化。

第四类人是从事贸易的商人。他们往来于中原和西域，将中原丝绸等商品运到西域各地，也将西域的新奇物品带到中原。

大佛寺西游记壁画《道昧放心猿》场景

丝绸之路开通后，东西方官方和民间商贸往来更加频繁、便利。我国输出的物品主要有丝绸、茶叶、瓷器、金银、宝石、纸张、饰品和香料等，西域输入我国的主要物品有棉花、织物、玻璃、琥珀、红酒、地毯、宝马和许多带“胡”字的物产。

丝绸之路，既是物品交流之路，也是中国与世界文明互鉴的文化之路。西域的文化也随着东西方交往的深入传到了中原。西汉时期，胡笳传入中原，由此带来了胡乐。汉武帝时期的李延年根据传入中国的一首胡乐，创作了 28 首曲子。东汉末期的蔡文姬创作的《胡笳十八拍》，就是在胡笳伴奏下演唱的一首乐府诗。

“长相好”织锦

在中国古代，受西域音乐影响最大的是唐代。山丹县博物馆藏有唐胡腾舞俑，该俑造型优美，圆雕的手法恰如其分地再现了唐代优美的胡腾舞姿，极具历史和艺术价值。山丹县博物馆还藏有一块唐代的胡商牵驼画像砖，该画像砖为唐代山丹卫武骑尉韩胤胄墓室里的一块彩砖。画像砖面上模印彩绘胡商牵驼，生动地描述了唐代西域胡人不辞辛苦，用“沙漠之舟”骆驼运货物往来于丝绸之路的情景。这些文物表明，唐代国力强盛，经济繁荣，交通便利，戍边贸易机构完善，尤其是通西域的丝绸之路更是畅通无阻，也说明山丹在唐代是河西走廊上一个重要的商业交易场所。

民族文化

《甘州府志》记载："甘州府，《禹贡》雍州之城，而西戎氏之故墟也。"说明可能早在夏代，张掖一带就已经有西戎氏民族在此生活。其后，又有氐、羌、乌孙、月氏、匈奴等游牧民族在此从事畜牧业生产活动。

魏晋南北朝时期，鲜卑族秃发氏迁入河西走廊，其代表人物有秃发乌孤、秃发傉檀、秃发保周等，秃发保周还被北魏政权封为张掖郡王。两汉时期，在张掖境内的祁连山一带，匈奴、小月氏、羌等各民族融合成临松卢水胡民族，十六国时期的北凉政权就是由其代表人物沮渠蒙逊推举汉人段业建立的。北魏太延五年（439 年），张掖又归拓跋族统治。北周宣帝大成元年（579 年），西域突厥族入张掖，直至中唐，仍不间断地出入张掖。隋大业元年（605 年），吐谷浑部落入张掖。隋唐之际，党项、羌、吐蕃、回纥等族人长期入居张掖，回纥族又称甘州回鹘。

在漫长的历史进程中，多个民族在张掖乃至整个河西走廊居住或往来，共同利用本地得天独厚的自然资源从事畜牧业生产，在繁衍后

裕固族歌舞是张掖民族文化的典型代表

代、发展生产的同时，孕育了独特的民族文化并迅速发展起来。

民族文化首先体现在不同民族之间的文化交融上。游牧民族向汉族学习农耕技术和其他文化习俗，发展农业生产。游牧民族的草原文化对汉族的影响也非常深远。游牧民族不仅把自己养马、改良畜种、制作帐篷、加工皮毛制品、制作乳品肉食等方面的技术传授给汉族人民，还以自己的民族产品、畜产品等与汉族人交易，这种实实在在的经济文化交流，不仅促进了民族间的融合，也有力地推动了河西地区经济和社会文明的发展。

民族文化的另一个特点是传承和发展。张掖现有 38 个民族，少数民族人口 3.08 万人。特殊的地理环境、悠久的历史使境内各民族在生生不息的繁衍过程中，创造了底蕴深厚、丰富多彩的“非遗”文化。蒙古族较好地保留了游牧民族的传统工艺，善于制作精美的马鞍、腰刀、马靴等物品。裕固族、藏族、蒙古族、回族同胞能歌善舞，裕固族民歌

被列入国家级非物质文化遗产代表性项目名录，肃南蒙古族民歌和肃南藏族民歌被列入省级非物质文化遗产代表性项目名录。河西走廊回族中盛行的“花儿”，既吸收了省内临夏回族民歌的风格，也汲取了宁夏回族民歌、青海回族民歌的营养，从而形成了这种甘肃独特的民族文化形式。

张掖少数民族传统体育竞技——赛马

语言文字方面，除各民族均使用国家通用语言文字外，裕固族还使用两种语言——属于阿尔泰语系蒙古语族的裕固族东部语言和属于阿尔泰语系突厥语族的裕固族西部语言，这两种语言都属于古老的回鹘语。裕固族文字已失传。

游牧文化

张掖自古就是多民族居住之地，这里的大量游牧民族文化遗址与遗存是中华民族多元一体格局的缩影。

出土于高台骆驼城遗址南墓群的魏晋时期牧马骆驼图壁画砖、五马射猎图壁画砖、牧鹿图壁画砖，生动地表现了古代牧民放牧的场景。牧马骆驼图壁画砖画面正中是一个牧人手执长鞭正在放牧，牧人身着交领短衫，紧腰束带，草地上有马群、骆驼、毛驴等牲畜。五马射猎图壁画砖反映的是游牧民族打猎的生活场景。牧鹿图壁画砖中的画像人物头束髻，身着交领长衫，手执牧鞭放牧鹿群，说明当时河西地区畜牧业的多样性，不局限于传统的马、羊等。

现在的张掖，肃南牧区的大部分和山丹、民乐沿山牧区的一部分仍然采用游牧方式放牧，牧民们逐水草而迁徙。

住所方面，游牧的藏族牧民和裕固族牧民住在帐篷里。帐篷一般由圆形围壁“哈那”和伞形顶架“窝尼”组成，围壁和包顶上覆盖着厚毛毡，包顶中央开有通风孔用来排出烟气、吸收阳光。蒙古族牧民居住

蒙古包在张掖一些旅游景区成为游客体验民族风情的场所

在圆形蒙古包里，蒙古包具有便于拆卸、搬运、搭建和抵御风寒暑热、风雨雷电等优点。

饮食方面，藏族牧民以肉、乳为主，一般在放牧归来的晚上吃一顿面食。奶制品中有一种打制酥油后的副产品叫“曲拉”，在喝奶茶时可以配食。裕固族牧民一般是一日三茶一饭，即每日喝三次酥油炒面茶，一天吃一顿羊肉揪面片，或者馍馍、米饭、饺子。蒙古族牧民的饮食以牛羊肉和奶制品为主，奶制品有奶茶、奶豆腐、奶疙瘩、奶干、奶酪、酥油、酸奶等，粮食、蔬菜次之。

随着季节的变化，牧民们在不同的区域之间往来转移，又叫“转场”，这是游牧生活的常态。一般而言，游牧民族的草场分为夏秋场、冬春场和春秋场。夏天天气热，夏秋场一般分布在海拔 3900 米以上的地区，这些地区冬春季节由于受冰雪天气影响无法利用。冬春场一般在海拔 2000 米 ~ 3000 米的地区，地形相对较为平缓，而且接近居民点、农饲地，处在交通沿线，适合人畜过冬。夏秋场和冬春场之间的过渡地带即为春秋场。

农耕文化

张掖有着悠久的农耕历史。距今 5000 年前后，居住在张掖的先民已掌握了一些农、牧业生产技术，并发展了制陶业。出土于高台骆驼城遗址的魏晋时期二牛犁地图壁画砖，二牛犁、耙地图壁画砖，播种图壁画砖等，表明河西地区至迟在这一时期已形成较为完整的农业耕作体系。

高台骆驼城出土的魏晋墓壁画砖——播种图

农业生产技术的推广应用

河西归汉后，汉廷在河西设郡置县，在张掖设立屯田区，兴修水利，移民屯田。官府借耕牛、犁耙、种子、衣食等给农户，至农户自给为止。官府积极推广耧车和“代田法”，把耕地挖成深、宽各一尺的畎和与其相间的高、宽各一尺的埂（垄），畎内种植作物，这样可以抗旱防风、增加产量，翌年畎埂倒换。

北魏开始实行均田制，西魏、北周在分配土地时开始考虑休耕因素，推行长辕长床犁，促进了土地开发利用和小农经济发展。隋代继续扩大土地开发利用规模，将长辕长床犁改进成更适合本地比较松散土壤的长辕无床犁，长辕无床犁既可破土又可翻土，大大提高了耕作效率。唐代，甘州开始种植稻米，到了清代，甘州乌江稻米已经成为贡品。明代以后，农民开始使用农家肥，并且开始注重土地的保养，种植的农作物种类也逐步增加，小麦和豆类的比例增大。豆类作物有显著的养地作用，得到了广大农户的认可和推广。

农田水利设施建设和灌溉体系形成

据史料记载，早在商代，本区农民采用早期的沟洫灌溉法。汉廷在觻得县修千金渠，“西至乐涫入泽中”。唐代，官府修盈科渠、大满渠、小满渠、大官渠、水利渠、加官渠等，灌溉面积达46.5万亩。元代，官府兴修塔尔渠、巴吉渠、牙喇渠、小泉渠、五坝渠、六坝渠、敬依渠等。

明代，官府重视兴修水利，坚持“欲兴屯田，必开水利”。《甘州府志》记载：“……于左卫之慕化、梨园，右卫之小满、龙首、东泉、红沙、仁寿，中卫之鸣沙、河西、瀚树哇哇、德安、宁西，山丹卫之树沟、白石崖等处，悉力经营，沟成美利。”根据清顺治年间杨春茂所著

碱滩镇农民民俗记忆馆

的《重刊甘镇志》可知，明代境内有渠110条，其中新开50多条，灌溉面积达117.5万亩，张掖遂有“金张掖”之称，明代成为唐代以来又一个垦殖盛世。

清代，经过康熙、雍正、乾隆几代经营，大小渠道达170条，灌溉面积达140万亩。自此，“原隰泉流，既平既清，屯户享乐利之休，军需无转运之苦，万事永赖”，这一时期成为河西历代土地开发鼎盛期。

移民带来的人口增长和文化交流

西汉移民屯田政策的实施，使张掖成为新兴的农业区。到汉平帝时期，张掖有居民2.5万户、8.9万多人，屯田卒6万人，共耕种土地约120万亩。十六国时期，河西出现“五凉”政权，中原战乱，而河西偏安。西凉李暠安置中原流民，开发土地资源，劝课农桑，并把南方徙民“余万三千户，分置武威、武兴、张掖三郡”，对南北方生产技术交流起到了积极的促进作用。明代，官府在河西因地制宜大兴屯田、大量移民。洪武初年，徙山西、山东等地移民数十万于河西垦荒屯田；永乐、万历年间，徙京畿饥民至甘州、凉州屯田就食。

彩绘二牛犁地图壁画砖

灌溉用水管理制度的形成和完善

敦煌《唐开元水部式》残卷记载了唐代水利管理制度："……诸大渠用水灌溉之处，皆安斗门，并须垒石及安木傍壁，仰使牢固。"斗门设置"皆须州县官司检行安置，不得私造"，官府还制定了斗门启闭等制度。明清时期，农田灌溉用水开始采取"按粮配水，点香计时"的办法。渠口的大小，按受益户缴纳田赋多少而定，各农户也是按规定纳田赋粮的多少确定灌水时长。灌水时，负责管水的人员拿着点香的匣子放到地上，水进地就点香，香燃完就闭口。这种"点香水"模式没有考虑水量，往往造成水大则有余、水小甚至断流受旱等弊端。

清康熙后期至雍正初年，陕甘总督年羹尧首次制定了黑河"均水制度"，该制度的主要内容包括每年芒种前十日封闭甘州、临泽的农灌取水口，集中下泄七天的水量供给高台县灌区使用，另外三天水量供给今金塔县鼎新灌区使用。中华人民共和国成立后，黑河分水方案仍沿用年羹尧制定的均水制，但进行了多次修订。2000 年，国家实施了新的分水方案，取代了传统的均水制度，以减少中游生产用水，增加下泄下游的生态用水。

边塞文化

张掖为古丝绸之路上河西走廊中段重要的军事重镇，汉明长城贯通全境，历来为兵家必争之地、商贸往来之所。历代诗人在张掖留下了大量的诗篇，这些诗词，或描摹边塞风光，或反映戍边生活，或抒发思乡之苦，或寄托功业抱负。

开创唐诗新风的先驱者陈子昂，曾奉则天皇帝之命巡视张掖，他在《观荆玉篇》一诗中，赞美了张掖的风物。他还在《还至张掖古城闻东军告捷赠韦五虚己》一诗中，通过对朋友韦虚己立下战功的叙述，抒发了自己怀才不遇的情感。诗中的“古城”便是张掖古城。虽然这座古城成了他抒发幽怨和惆怅的场所，但在诗人笔下，张掖古城也展现出其苍茫、空阔和雄浑的景象。

王维曾到过居延，领略了巴丹吉林沙漠中太阳落入黑河的景象，写下了著名的《使至塞上》。在唐代，在外患不断时，很多诗人都把焉（燕）支山当作是战胜敌人的象征，写了大量诗篇寄托忧国忧民和激励斗志的情感，如李白的《幽州胡马客歌》、韦应物的《宫中调笑令》等。

张掖在古代又称“甘州”，初唐时的甘州只是一个边塞小城，至盛唐时期，受西域乐舞的影响，当地乐师结合甘州本地乐曲首创《甘州曲》，也称《甘州乐》。后来，这首极具边塞风格的乐曲被京都教坊司收录，经由掌管教习礼乐、宫廷音乐的官署唐教坊改编之后成了唐代著名系列音乐《甘州大曲》。晚唐诗人薛逢有《醉中闻甘州》诗，写的就是听《甘州大曲》的感受。

传诵于世的《八声甘州》就是这部《甘州大曲》中的一篇。《八声甘州》词牌在宋代被文人墨客广泛使用并流行起来，影响越来越大，比较著名的当属柳永的《八声甘州 · 对潇潇暮雨洒江天》。此外，清代诗人洪昇专门写过一首边塞诗——《甘州曲》：甘州沙雪白如盐，化尽千茎旧紫髯。醉杀葡萄听玉笛，一轮月桂万峰尖。寒草青青照锦袍，参军骑马过临洮。焉支山下如花女，笑立春风试宝刀。

长河落日圆

长城文化

长城是中华民族的精神象征，是我国现存体量最大、分布最广的文化遗产，以其上下两千年、纵横数万里的时空跨度，成为人类历史上宏伟壮丽的建筑奇迹和无与伦比的历史文化景观。张掖境内的汉长城总长262.9千米，有关堡6座、烽火台4座、相关遗存2处；境内的明长城总长550.822千米，有关堡23座、烽火台385座、其他单体相关遗存56处。

张掖境内长城遗存丰富，可谓长城资源大市。2019年12月，中共中央办公厅、国务院办公厅印发了《长城、大运河、长征国家文化公园建设方案》，之后甘肃省根据国家方案制定了《长城国家文化公园甘肃省保护规划》，明确提出了“三园、三段、八点一线”空间布局，将张掖市长城列入规划之中，即“甘凉咽喉”风景道示范段。

西汉时期，在修筑长城塞堑加强防御的同时，统治者大量调遣士卒、增筑堡垒、修造烽台、迁徙移民、设置村堡，进行屯垦戍边。西汉元狩二年（公元前121年），汉武帝任路博德为强弩将军，驻守河西，始筑河西长城。汉长城修筑以“察地形、依险阻、坚壁垒、远望侯”为原则，根据当时河西地理条件，勘测线路，因地制宜，因陋就简，就地取材。河西令居塞长城长700多千米，大致沿龙首山、合黎山南麓向西北行，逢山掘崖，逢河劈岸，逢源挖塞，分段开挖“阔塞”（宽而深的壕沟），铺设“天田”（用作侦察敌人踪迹的沙田），并辅以军事坞堡、报警烽燧、交通驿站和保障粮囤。令居塞长城以壕沟代替墙垣，全线由壕沟、山崖石壁、自然河岸和故城、坞堡、墩台、亭堠等列障构成，形成了塞防天堑、要隘守关、墩堠相望、烽火示警的防御体系。汉塞、列障除了军事防御和保护丝路畅通，在保护河西屯田开发中，也发挥了重要的作用，虽年代久远，迄今仍清晰可见相关遗迹。

明洪武五年（1372年），明太祖朱元璋派三路大军北征，然而主力军受挫。朱元璋后采纳朱升“高筑墙，广积粮，缓称王”的建议，放弃武力统一草原诸部的计划，推行战略防御政策，不惜耗费巨大国力修筑长城，开始在北方实施设郡、军镇，筑城堡，立卫所，建关隘，置墩台的防戍部署。河西明长城主要修筑于嘉靖、隆庆和万历年间，以景泰县境内黄河西岸索桥堡为起点，由此西延至古浪，以汉长城为基础，至武威双城镇附近，离开汉长城，至永昌县又与汉长城会合，至高台县罗城镇北，又与汉长城分开，经酒泉市鸳鸯池附近，再由酒泉怀茂乡入嘉峪关境内，经新城、野麻湾到嘉峪关，总长约957千米。

明长城就地取黄土建造，墙基宽4米，高5米，墙顶上有巡道，宽1米多，供戍卒顺畅通行。明长城墙体厚且高，在选料用料、修筑质量、结构工艺及防范措施等方面，较汉长城都有较大改进和提高。城驿、关隘要地则改土筑为砖砌，或以条石、巨砖包成，牢固无比，坚不可破，素有“铜墙铁关”之称；山地长城建在陡峭的山梁上，并开采山石，凿成巨型石条，叠砌城墙，内填沙土，异常坚固；沙漠长城则用沙

砾作主要材料，辅以红柳、芦苇或芨芨草，沙砾层厚约 20 厘米，柴草层厚约 5 厘米，层层交错相互黏结，以使城墙更加稳固。明长城与全国各地的城防、关隘、都司、卫所连在一起，构成了坚固的防御体系。在今山丹县境内，汉明长城、驿站古城、列障烽燧保存最为完好，山丹因此被专家誉为“露天长城博物馆”。其中定羌庙（今绣花庙）驿、硖口驿、新河驿、山丹驿、东乐驿等鱼贯相接各抱地势，守护着一方平安。

合黎山红沟峰燧

河西境内的汉明烽燧、墩堠星罗棋布，纵横交错地分布在长城内外岗峦、驿城制高点和堡寨田野附近，它们既是古代驻防军队的观察哨所和军情警报的传送站，又是戍边移民的分界线和屯田守备清野的瞭望哨。其传递军情的方式，各朝各代皆有定制，但各有不同，主要是燃烟、放火两种，另配有鼓、炮和可挂起来的标示物等。烽火台由吏卒日夜把守，一旦发生紧急军情，白天放烟示警称为“烽”，晚上点火示警称为"燧"，也有在白天晴朗天气时，高悬鲜艳彩色布物，以示警报信者，称为"举表"，烽、燧、举表以特别规制，提供警报或请求救援。

明代烽火制度规定：敌军一旦来犯，最先发现敌情的烽墩，立即施放烟火，临墩望见也放烟火，这样一墩接一墩，一直传到指挥机关；指挥机关得到情报，立即做好战斗准备，调兵遣将支援一线守军；居民也要立刻进入堡寨躲避。如遇大队敌军进攻，烽火要一直传到朝廷。据高台长城烽燧出土的明代《兵守火炮号令》记载："发现敌十名以下，白天燃柴一堆，放炮一声，黑夜举火一把，放炮一声；发现敌十至百名，白天燃柴二堆，放炮二声，黑夜举火二把，放炮二声；发现敌百骑以上，白天燃柴三堆，放炮三声，黑夜举火三把，放炮三声；发现敌千骑以上，举火，放炮相连不断。"如此看来，明代河西境内烽火制度不仅十分严格，而且十分完备。

长城既是农牧文化的分界线，也是农牧文化互鉴交融、共同发展的舞台。明太祖朱元璋时大规模修筑长城、烽燧，使张掖境内"五里一墩，十里一堡"，并大力推行迁徙移民、屯田戍边、开辟田亩、兴修水利、减轻徭役、增殖户口等方略。由于历史上徙民实边、屯民联防措施的实施，内地移民对河西的开发增进了民族融合，促进了农牧生产，固守了西部边塞，确保了长城沿线安定，保障了古丝绸之路的畅通，使河西出现了"驰命走驿，不绝于时月；商胡贩客，日款于塞下"的繁荣昌盛景象。

长城与丝绸之路在很多方面有着密切的联系。在河西走廊，长城与丝绸之路基本上融为一体，可以说，长城就是保障丝绸之路畅通的守护神。在战争停息之后，长城部分地段甚至成为物资交易的场所。明隆庆四年（1570 年），明王朝同蒙古鞑靼部结束军事对立，达成长城沿线开辟十一处市场、允许鞑靼人各种游牧产品与内地产品和手工业制品公平交换的议和条约。在山丹驿城北约 10 千米处，长城有烽燧叫作“暗门墩”，该墩即筑于隆庆年间，源于“隆庆和议”。暗门墩是一座在已有城墙上新增筑并开有暗门的随墙墩，也是一座官方正式允许鞑靼人自由出入山丹的建筑，更是一座鞑靼部同山丹开展贸易互市的标志性建筑。暗门墩互市的开设，不仅使山丹与鞑靼部之间的贸易往来更加便利，促进了双方的友好交流和经济发展，而且确保了河西长城沿线的长期安定。

如今，长城在河西走廊，特别是永昌以西至山丹境内，与兰新铁路、国道 312 线、连霍高速公路等交通大动脉，或交叉、或并行，在走向上呈现出高度的一致性。张掖市主动融入“一带一路”，积极参与货物运输与贸易、文化交流等活动当中，为古老的丝绸之路注入了新的活力。

山丹县境内连霍高速与长城

民俗风物

『非遗』明珠
张掖物产
舌尖美食

“非遗”明珠

宝卷（河西宝卷）

河西宝卷是河西走廊中部地区的一种民间说唱文学，由唐代敦煌变文、俗讲及宋代说经演变而来。河西宝卷盛行于明清，民国时期成为河西走廊农村较为流行的文化活动形式。

河西宝卷是民间艺人口头创作和部分文人拟作互相结合的曲艺说唱底本，特点是开口点因果，以散文形式讲述、韵文接唱，说唱相应，交织往复。河西宝卷以其跌宕起伏的情节、诙谐风趣的人物和声情并茂的表演，成为通俗文学的一大支系。目前保存较为完整并有据可查的河西宝卷有一百多种，内容涉及家庭、忠孝、历史、寓言等，主要通过文字和口头传承。河西宝卷不仅是中国民俗文学史的珍贵资料，更是中国民俗文化史上的一朵奇葩。每年春节前后及农闲时节，许多农村举行隆重的“宣卷”活动，因而保存了大量以手抄本为主的宝卷。

宝卷文化是古丝绸之路上一颗曾经十分辉煌的明珠，也是规劝世人奉行孝道善行的民间教科书。

河西宝卷传唱人

裕固族民歌

裕固族民歌具有内容丰富、曲调优美、节奏明快的鲜明特色，是研究古代北方少数民族民歌和古代北方游牧民族文化历史的重要依据。裕固族民歌大致可划分为东部民歌和西部民歌两大类。前者的特点是粗犷、奔放，音调接近蒙古族民歌；后者则较平和、深沉，更多地继承了回鹘民歌的传统。其音乐按体裁可分为“小曲”“号子”“小调”等，韵律上常采用五声音阶，以羽、征、商三个调式最为常见。裕固族民歌按主题可分为优美抒情的牧歌、古老悠扬的史诗、热烈奔放的劳动歌、热情洋溢的赞歌、风格典雅的婚礼歌、特色浓郁的习俗歌、抒情达意的情歌等。

裕固族民歌表演

裕固族服饰

裕固族服饰文化绚丽多姿、内涵丰富，具有浓郁的马背民族的服饰文化特征，是裕固族传统文化的重要组成部分。

裕固族妇女一般身着高领偏襟长袍，衣领多由用赤、橙、黄、绿、青、蓝、紫七色丝线精心绣制的波浪线、三角形彩色图案装饰，意为彩虹；袍子的上部、下摆、衣衩边缘镶有云彩状花边，腰系桃红色或绿色腰带，腰带右下方挂红、绿或天蓝色正方形绸帕；衣扣上挂有做工精美的刺绣荷包等物件；长袍外罩高领偏襟坎肩，其下摆左右开衩，镶有绸制彩色花边，背后从左肩至右肩镶一道半圆形花边，偏襟边缘上至领口、下至腋下绣有动物造型的花边。裕固族妇女帽子因部落不同，有大

裕固族服饰

圆顶或小尖顶等不同类型。裕固族男子通常着偏襟长袍，长袍多用布、绸、缎或白色羊毛织成的褐子等缝制而成。他们冬季多穿布、绸、缎做面的皮袍，也穿白板羊皮袄。男子一般扎大红腰带，上佩腰刀、火镰、烟荷包等物件。裕固族儿童穿类似于成人服饰的小长袍，腰束彩色腰带，女孩的头饰和胸饰与成人有所不同，其前额戴的“沙日达什戈”，即为一条宽约三寸的红色布带，上用各色珊瑚珠镶饰，下坠挂各色珊瑚珠珠穗，脑后有两条绣制精美的飘带；胸前戴的“舜尕尔”，背挂的“曲外代尕”，都是用红布做成的长方形硬布牌，上缀用鱼骨做的圆块和各色珊瑚珠，下边有红色线穗，用各色珊瑚、玛瑙、玉石珠串成的珠链将这两块硬布牌连起来挂在脖子上，分别垂挂于胸前和后背。

裕固族婚礼

裕固族传统婚俗

裕固族传统婚俗与裕固族人的发展历史、生产生活方式及其宗教信仰有着紧密的联系，是裕固族原始萨满教遗俗的再现。现代裕固族人的婚姻实行一夫一妻制，男女自由恋爱。裕固族婚礼仪式隆重热烈，十分讲究，大致有 13 道程序 28 个礼节。13 道程序分别是求婚、请客、娘家宴请、戴头面、送亲、打尖、踏房、新郎射箭、交新娘、新娘扬茶、冠戴新郎、看验酒席、献羊背。每道程序都有相应的唱词，且各地唱词不完全相同，要邀请专门的婚礼唱词传承人来主持。

甘州小调

甘州小调是一种历史悠久、深受当地群众喜爱的民间音乐演唱形式，它由曲牌和曲子组成，名目、数目繁多，自成体系，既有对古代张

甘州小调表演

掖民间音乐的继承，也有对民歌、民间小调等的广泛吸收，同时它还将本土乐曲、外来乐曲融合在一起，语言朴素、诙谐，易于上口，富有浓郁的乡土气息。

甘州小调多为多人演唱、对唱，演唱时通常由乐队伴奏，也可以由一人弹唱，表演者可依据不同的环境、针对不同的事物即兴编唱，具有即时性特点。甘州小调在不同的历史时期不断被赋予新的内容。

甘州小调内容丰富生动，题材广泛。传统形式与个人创作的巧妙结合，给甘州小调注入了强大的生命力，使其具有广泛的群众基础。不论是岁时节庆，还是婚丧嫁娶，反映当地社会生活和人民群众精神生活的甘州小调都必不可少，它承载着甘州多元文化的历史信息，是反映甘州人民在不同历史时期精神风貌的一部百科全书。甘州小调于 2021 年被列入第五批国家级非物质文化遗产代表性项目名录。

张掖非物质文化遗产代表性项目分布示意图

秦腔獠牙特技表演

国家级非物质文化遗产代表性项目名录

- 裕固族民歌
- 河西宝卷
- 裕固族服饰
- 裕固族传统婚俗
- 甘州小调

肃南蒙古族民歌

部分省级非物质文化遗产代表性项目名录

- 邵家班子杖头木偶戏
- 秦腔獠牙特技表演
- 顶碗舞
- 皮影戏
- 裕固族祭鄂博
- 裕固族剪马鬃
- 裕固族皮雕技艺
- 裕固族织褐子
- 肃南蒙古族民歌
- 高台民歌
- 甘州社火
- 甘州黄河灯阵
- 山丹耍龙
- 乌江镇狮子舞
- 金氏中医正骨法
- 临泽面塑
- 临泽泥塑
- 山丹烙画
- 民乐四家武术
- 九粮九轮酿制技艺

秦腔獠牙特技表演

秦腔獠牙特技表演是高台县罗城镇红山村的特色，已有 500 多年的历史。表演者口含两颗猪獠牙，时而快速弹吐，时而倒刺进鼻孔，时而上下左右翕动，同时唱、念、做、打，深受群众喜爱。此特技主要是秦腔花脸角色表演，用于塑造凶恶、勇猛、剽悍或恐怖的角色，具有鲜明的地域性特征。

据当地群众回忆，秦腔獠牙特技表演原本使用六颗或四颗猪獠牙，后来獠牙特技几近失传。近年来，高台县深入细致地开展调查工作，建

高台秦腔獠牙特技表演

立有效的保护和激励机制，充分发挥当地专业和民间剧团的人才优势和资源优势，创办以秦腔獠牙为主要内容的民间戏曲表演特技传习班，从人才、表演水平等方面提高艺术水准，并举办一年一度的民间艺术节，从而保证了高台秦腔獠牙特技表演的有效传承和发展。

邵家班子杖头木偶戏

邵家班子杖头木偶戏是一种古老的民间艺术，有着悠久的历史，张掖民间称其为“肘娃娃”或“肘偶”。其流传范围广，演出剧目丰富，

邵家班子杖头木偶戏表演

是一门融会了美术、服装、表演、剧本、音乐诸元素的民间戏曲艺术，有着重要的文化价值和社会功能。

邵家班子杖头木偶戏古称“托偶”或“托戏”，俗称“三根棒”，即表演者要用三根木棒操纵木偶，其中一根木棒用于支撑木偶头部，称为“主棒”或“面棒”，这样木偶的耳、眼、鼻、嘴均能闭合张开，眼珠可转动，头颈能上下左右扭转；另两根木棒用于操纵木偶的双手，称为“手挑子”。邵家班子杖头木偶戏艺人多数由家族成员组成，木偶艺人集唱、做、念、打和奏乐等技艺于一身，表演讲究举功、撵功和步功，操纵木偶时讲究稳、准、正、平，同时，还借鉴了戏剧表演中的亮相、鹞子翻身等表演程式，以此揭示剧中人物的内心活动。

戏班多在婚丧嫁娶、节庆活动时进行演出，演出场地不受限制，在剧场、茶园、场院、宅院、草坪上都可以演出，是一种深深融入当地群众社会生活和精神生活的戏剧表演艺术形式。

甘州黄河灯阵

甘州黄河灯阵在甘州区碱滩镇古城村一带流传，是当地群众在春节期间举办的民俗文化活动。它起源于殷商时期，后吸收了《封神演义》“三姑计摆黄河阵”中三霄娘娘（云霄、琼霄、碧霄）为了替其兄赵公明报仇，摆下黄河阵和姜子牙斗法的故事。

2023 年 1 月 31 日，碱滩镇古城村的黄河灯阵正式启灯迎客，吸引了众多游客前来观灯、游阵、祈福。灯阵占地约 0.6 公顷，布局类似迷宫，只设有一个进口和出口，其中布置 365 棵松树、365 盏灯笼和 365 杆旗，按二十八星宿、二十四节气、十二生肖、五行、四象等排列。灯阵大量植入张掖乃至河西走廊和丝绸之路的许多地方文化元素。

甘州黄河灯阵

山丹耍龙

舞龙社火在山丹县较为普遍。清泉镇西街村和东乐镇城西村的“龙”最具特色，这两村的“龙”整体色调为蓝色，俗称“水龙”。山丹人在每年的腊月三十便开始“二月二”耍龙，正月十五达到高潮。西街村耍龙还有一定的讲究，五行相克不耍，耍三年、停三年。每年腊月三十，大龙要到南湖取水，龙头吊两个水瓶用来装水，预示来年风调雨顺、五谷丰登。耍龙时，当地百姓有抱着小孩钻龙身的习俗，他们认为

山丹耍龙

钻了“龙身”的小孩会健康活泼，这一习俗流传至今。耍龙的场面非常宏大，场地面积近一个足球场大，参与耍龙的演职人员接近百人。耍龙分为六个步骤：盘场、祭拜四门（东、西、南、北门）、龙抱柱、鸳鸯八卦阵、龙睡觉、龙抱蛋。夜晚表演时，龙身灯火透亮，龙嘴喷火，场面十分壮观，具有强烈的艺术效果。

顶碗舞

顶碗舞流传于民乐县洪水镇汤庄村，是一种集杂技与舞蹈于一体的民间集体舞蹈艺术精品。据1996年出版的《民乐县志》记载，汤

民乐顶碗舞表演

庄顶碗舞最早在清乾隆年间民乐汤庄驻军梁军门的部队中流传。20世纪90年代后期，几经挖掘创新，顶碗舞成为具有地方特色的民间舞蹈。

顶碗舞动作优美，舒展大方，舞者技巧高超，起卧自如。跳舞者头顶瓷碗，口衔竹条，两手各拿一碟一筷，筷子两头各系一铜铃红穗，舞时用口中竹条敲击头上的瓷碗，两手同时用筷击碟，在表演各种舞蹈动作时，碗却始终稳稳地“端坐”在舞者头上。舞者的舞步以传统秧歌十字步为基调，再配“三步一拾”“梭子步”“垫步”“斜后点步”及“云步”，舞蹈表演丰富多彩。

山丹烙画

山丹烙画是在山丹当地传统的民间火烫画基础上发展起来的特种工艺美术品，其历史可追溯至汉代。早期人们在木制农具、家具上烫烙文字符号，以供辨认；明清时期，民间艺人将简单的花草图案烫烙在木制家具上，以增强美感，到了清中晚期，烫烙作画工艺日臻完善，向绘画方向发展。

山丹烙画以烙铁代笔，在木板上作画，绘画技法主要借鉴中国画绘画技法，山水花鸟、古今人物、传奇神话皆可入画，铁笔刻画，雄浑飘逸。其次是巧妙地利用木板的天然纹理，更丰富地表现出山、水、云等自然景物多姿多彩的生动形象，有着极高的艺术价值和独特的观赏价值。

山丹烙画

山丹麦秆画

麦秆画又称“麦草画”“麦烫画”“麦秸画”等，是以麦秆为原料制作的剪贴画。隋时期起源于我国中原地区，兴盛于唐宋，流行于明清，经历代传播、发展，成为一种完善的艺术形式。

麦秆画的制作工艺如下：首先，选择粗而长的麦秸中段，经漂白、剖切、刮胎、拼贴、熨平等流程，制成制作麦秆画的原料；然后，根据构图将原料纸背剪成作画的组件造型；最后，把组件粘贴到画面相应的位置上，直至整个画面粘贴完成。

如今，麦秆画在画面风格上追求时代特色，以麦秆的自然色为主调，点缀少许明快色彩，制作精美，醒目大气，内容丰富，形象逼真，给人一种返璞归真的艺术享受。

山丹麦秆画

临泽泥塑

临泽泥塑来源于佛教文化，汲取了佛教造像艺术元素，经长期演变，形成了具有河西风格的泥塑作品。临泽泥塑最初为单一色彩的泥人、泥偶，后来引入彩绘。临泽泥塑反映了当地人民群众最朴实的艺术追求，对研究河西地区民俗文化具有重要价值。

临泽泥塑作品大体分为造像、小品、动物、主题泥塑等。造像主要是佛教造像、英雄人物造像等；小品主要是用于家庭装饰的小型景观泥塑；动物泥塑以各种动物为主题；主题泥塑主要用来展示历史文脉、传达文化信息、弘扬某种精神、唤醒一段记忆。

临泽泥塑

临泽面塑

面塑俗称“面花”“礼馍”“花糕”“捏面人”，系以糯米面为主料制作而成。艺人根据所需取材，应用小面板、小尖刀、细铁丝、小木棍、小剪刀、竹签、缝衣线等工具，将面团在手中捏、搓、揉、掀几次，栩栩如生的面塑就制作完成了。

临泽面塑主要有人物、动物、花卉、卡通人物4大类、70多个品种，作品形象逼真，制作技艺精妙。临泽面塑技艺传承了河西地区塑作类民间技艺的制作工艺特点，作品形象逼真，制作手法精巧，用料讲究，成品不变形、不变质，是一种特别的民俗文化符号和原汁原味的乡土艺术。

临泽面塑作品十二生肖中的代表作

裕固族皮雕技艺

裕固族皮雕是裕固族人畜牧生活的典型反映，是他们的生产生活习俗与审美观相结合的产物，与他们的精神生活密切相关。皮雕图案丰富多彩，纹饰优美流畅，风格粗犷豪放，给裕固族人的游牧生活增添了活跃的气氛。其原料以动物皮张为主，采用阳雕、镂空、剪切、绘画等手法，制成后成为工艺画、马鞍、皮靴、刀鞘、皮袋等皮制生活生产用具的装饰。

裕固族皮雕

裕固族织褐子

裕固族褐子是裕固族人用来缝制衣物、褡裢、帐篷等生活用品的一种手工粗布，具有良好的防水、避风、隔潮、耐晒、保温等功能。织褐子的原材料是手工捻成的羊毛线、驼毛线、牦牛毛线等，根据用途分成粗、细两种。制作毛衣的褐子用上等的羊绒细毛线，制作出来的毛衣又薄又轻，还可以染色，非常美观耐用。制作毛毯、褡裢、茶袋、粮袋、背包、被褥、鞍子、帘子或者帐篷用的褐子使用粗毛线。

裕固族手工技艺——织褐子

张掖物产

高台黑番茄

黑番茄原产于南美洲，因其果实为黑色而得名。黑番茄的番茄素含量是普通番茄的 7 倍，并含有大量的花青素、维生素 C、维生素 E、叶酸、烟酸，具有高钙、低钠、低糖等特征，是不可多得的营养果品。

20 世纪 90 年代初期，黑番茄被甘肃三鑫农林科技公司引进至高台，该公司培育出的黑番茄新品种——大漠骄子系列产品销往北、上、广、深、杭等地的高端市场。2020 年，高台黑番茄获得农业农村部颁发的农产品地理标志认证登记证书，登记产品生产总规模约 1000 公顷，产量约 5 万吨 / 年。高台黑番茄产品先后荣获“中国优质产品”“第十届中国国际农产品交易会金奖”“甘肃省工业优秀新产品”等称号。

高台黑番茄

祁连葡萄酒

祁连葡萄酒由高台县种植的蛇龙珠、梅鹿辄、赛美容、贵人香、琼瑶浆等名贵葡萄品种果实精心酿造而成，现“祁连传奇”品牌葡萄酒有冰白、冰红、干红、干白、白兰地 5 大系列、110 多个品种。

冰白、冰红葡萄酒香气浓郁、酒体晶亮、风格独特。酿造冰白、冰红葡萄酒要选用冰葡萄，并运用先进、精致的酿酒工艺。完全成熟的冰葡萄在冷冻后糖含量会提高，但丰富的干浸出物会使酸度得以保留，平衡冰葡萄酒的甜味，让冰葡萄酒具有非常细腻的香气和雅致舒适的口感，甜而不腻。

蛇龙珠干红葡萄酒口味醇正、明快、优雅，具有典型的黑茶藨子等黑色小浆果的香气。西拉干红葡萄酒果香雅致、细腻，具有典型的胡椒香气，是高端葡萄酒中的佼佼者。

祁连葡萄种植基地

临泽红枣

临泽县有数百年种植红枣的历史。临泽红枣以核小味甜、肉质细腻、营养丰富、久贮不坏而闻名。临泽现已开发出枣茶、枣冻、枣晶、枣粉、枣酒、枣蜜、枣泥、枣醋等多种枣产品。

临泽红枣

黄参

生长在山丹、民乐一带海拔 2400 米 ~ 2900 米的高寒黑土区，含有 17 种氨基酸，人体必需的 8 种氨基酸尽在其内，并含有多种微量元素和维生素

祁连山野蘑菇

生长于祁连山海拔 1700 米 ~ 3600 米的无污染地区，含有异常丰富的氨基酸，维生素 B、维生素 C、铁、钙等多种元素，性味甘平，备受人们青睐

民乐大蒜

产于民乐县洪水镇一带，故又被称为“洪水大蒜”，因蒜皮呈紫色，亦名“紫皮大蒜”。民乐大蒜个大瓣肥、汁多味浓、辛辣、易于剥皮

乌江大米

甘州区乌江镇一带所产稻米以其个大体长、外形独特、晶莹剔透、品质优良、米香浓郁而闻名，历史上曾被列为贡品供应皇家御膳房，故乌江大米又有“贡米”之称

高台辣椒

亦称“高台红椒”，是高台独有的辣椒品种。高台辣椒肉厚、色泽红润鲜亮，条形修长均匀，辣味纯正鲜浓

舌尖美食

西北大菜

西北大菜又叫“香饭”，是张掖地区筵席的主菜。制作时，先将带皮的猪肉卤至熟透，并用事先熬好的糖稀浇汁，然后将大块肉切成薄

西北大菜

片，一层层平铺码入碗中待用。将猪肺或羊肺加葱、姜、蒜后剁成泥，放入调料和面粉，和成团，搓成圆柱状，用油炸熟，做成“卷干子”。再将“卷干子”切成圆片，码在之前做好的卤肉肉片之上，撒上用猪肉末或羊肺末、葱、蒜制成的调味品。最上层加肉汤，整体入锅蒸制。蒸好后，倒扣于另一大盘的一侧，浇上汁；爆炒木耳、鸡蛋、油菜等，放入大盘另一侧，西北大菜即成。西北大菜色泽鲜美，香而不腻，营养丰富，深受人们喜爱。

羊肉垫卷子

将羊羔肉切成块，用清油爆炒，以葱段、蒜片、花椒等调味，待炒至金黄色，加水，用小火焖煮。将和好的面团擀成薄薄的一大张面饼，上面抹上清油，撒上葱花，卷成筒状，切成小段，在羊羔肉焖至八成熟时摆放在羊羔肉上。小火慢炖至面熟肉烂，一盘香喷喷的羊肉垫卷子就做好了。

羊肉垫卷子

山丹炒拨拉

炒拨拉是山丹最具特色的地方美食，因炒制者的动作而得名。相传霍去病在焉支山与匈奴鏖战，某日大败匈奴后，霍去病下令杀牛宰羊犒赏三军，因锅具不够，一小兵索性把盾牌翻过来并置于大火之上，将羊肉、羊杂放在盾牌上来回拨拉翻炒，香味四溢，士兵们非常喜欢这种美食。后来，这种烹饪方式渐渐被当地百姓学会并加以改良，流传至今，即支起铸铁鏊子，将切好的羊杂佐以调料、葱花、蒜苗下锅，以柴火或煤炭为燃料，用猛火爆炒，待熟即食。

冬季进食炒拨拉最佳，麻辣适度，肥而不腻，边炒边吃，美味可口。

山丹炒拨拉

高台面筋

面筋是高台历史悠久的地方特色小吃，其工艺独特、味美爽口，为待客佳品，可热吃、可冷吃，也可晾干储存，待食用时再投入配好的肉汤中成为快餐，深受四方宾客喜爱。

高台面筋的做法是采用本地农家自产的面粉，和成面团，揉至不粘手为度，这个过程称为“揣面”；将“揣”好的面团投入冷水中反复揉洗，这个过程称为“洗面”；把分离出的面筋团揪成小块，加盐水、干面粉，将其揉至表面光滑，等待醒面。面醒后用擀面杖擀薄，绷扯于“撇子”上，入锅蒸熟即成面筋。

高台面筋

山丹罐罐席

山丹罐罐席兴起于明清时期，是传承和吸收本地历史上多种宴席之所长而形成的民间传统宴席，只有在重大仪式上才会出现（如生诞寿辰、婚丧嫁娶、孩子满月等）。罐罐席是山丹人对老席的叫法。山丹罐罐席菜品以烹饪猪、牛、羊、鸡肉为主，烹饪技法基本是煮、炸、炖、蒸，有严格的工序。山丹罐罐席口味厚重，咸甜酸辣俱全，呈现出北方菜肴的粗犷大气。

最高档次的罐罐席是鸡肘席（也叫“海参席”或“十二楼全席”），十全席次之，最低层次是五碗一盘。罐罐席上菜很有讲究，先上水菜（凉菜）八个，四荤四素，上水菜的菜碟要“一平一立”，“平”是盘，

山丹罐罐席

“立”是碗。水菜后要上炒菜，中间一大盘（平）菜，两边上各上一碗（立）菜，共上两次。之后的大菜是十大碗，分别是红烧肉、鸡肉、丸子炖肉、粉条炖肉、腐竹炖肉、豆腐炖肉、萝卜炖肉、土豆炖排骨、糯米碗、八宝汤，在上菜中间依次要上油饼、花卷、干果等，最后以一盆胡辣汤结束。

甘州小饭

甘州小饭是绿豆大小的面丁。将制作好的面丁放入用牛肉或者羊肉熬制成的汤中煮，配以事先煮熟的红豆和粉皮，撒入葱花、香菜等即可。甘州小饭制作简单，方便快捷。

甘州小饭

高台老席

高台老席

高台老席是高台农村办红白喜事中的宴席，兴起于明永乐年间，主打菜为红肉、白肉、夹沙、四喜丸子、扣肉、五花肉、排骨、东坡肘子八道菜，俗称“八大件”“八大碗”。菜是提前准备好、放入笼屉蒸熟的，吃前只需将蒸好的菜分别扣在八个大碗中热一遍即可。高台老席以肉为主，足以体现北方人“大块吃肉，大碗喝酒”的豪迈和慷慨。

高台老席发展并流传至今的主要原因是，古代高台处于边陲之地，百姓生活十分贫苦，而高台人又比较好客，为此，勤劳智慧的高台人创造了“八大碗”这种宴席形式。这种方式既节俭，又表达了对客人的重视和热情。高台老席有着鲜明的地域特色和传统制作工艺，既是一桌美味，更是一种乡愁、一种情怀、一种文化。

山丹牛娃子饭

吃牛娃子饭是山丹人在冬至这天的传统习俗。牛娃子饭的做法是将和好的面揪成豌豆大小，再将其放在洗净的新梳子上，摁成有梳纹的花面卷儿，每个花面卷儿都像只中间大两头小的“花牛犊”。将做好的面食加上菜、肉等烩在一起，就是一大锅“牛娃子饭”。

山丹牛娃子饭

临泽四坝蒸饼子

四坝蒸饼子是临泽地区一种古老的地方风味食品。饼子在蒸箅上绷到薄如羽翼、轻如纱绢的程度后入锅蒸熟，逐张抹油、卷筒、切条，达到内虚外筋、柔软光滑、通透洁净的状态即可。

临泽蒸饼

甘州臊面

甘州臊面

甘州臊面又称“臊面”，是甘州区的特色早餐食品。面以手工面为佳，切好的面宽如韭叶，薄如纸片，长如丝带，久煮不烂。汤头一般为鸡汤、牛肉汤或排骨汤，配以肉片、油炸豆腐、木耳等佐料，用水淀粉勾芡，汤汁晶莹透亮，且有一定的浓度。

卤肉炒炮

卤肉炒炮分卤肉和炒面两个环节。卤肉是选肥瘦适中的猪腿肉、肘子肉或五花肉，小火慢煨，用特制的卤料调制入味，直至肉质软烂。将面和好并反复揉搓，再分切成若干面块，搓成指头粗细的面棒，抹上清油，码入盆中。待锅中水开之后，把面棒拉长至炮仗粗细，揪成适当长短的炮仗子，下入锅中煮熟，捞出过冷水备用。炒炮的“炮”即指面条的形状酷似炮仗。炒锅上火烧油，将煮熟过水的炮仗子、青

卤肉炒炮

菜、葱段一起下锅爆炒，浇上热热的卤肉汤，出锅后在面上铺一层卤肉，食用时可另切一盘卤肉或卤好的排骨、糖蒜等小菜佐餐。

甘州搓鱼子

甘州搓鱼子因面煮熟后像水中的小鱼而得名。和好面后，将面团擀成约 5 毫米厚的面饼，再把面饼切成粗细均匀的面条，进而搓成两头尖细、中间圆滑的面鱼。将搓好的面鱼在开水中煮熟后，拌以炸酱、卤肉或其他炒菜即可食用。

甘州搓鱼子

手抓牛羊肉

将牛羊肉切块，放入大锅中水煮，只加入干姜、干花椒、干草果等少许调料。煮熟后捞出，配以盐等调料，羊肉用手撕着吃，牛肉用小刀割着吃，原汁原味，十分鲜美。

手抓羊肉

发展成就

经济实力持续提升
民生福祉不断增进
文化建设硕果累累
生态底色更加亮丽

经济实力持续提升

全市电力装机规模

585.73万千瓦

张掖市始终把发展作为解决一切问题的基础和关键，致力于加快构建具有比较优势的现代化经济体系。现代农业方面，持续优化打造黑河沿岸优势农业、沿山冷凉特色农业、戈壁荒漠设施农业三大产业带，培育发展现代种业、绿色蔬菜、肉牛产业、优质奶业、戈壁节水生态农业五个百亿级产业集群，落地建设张掖国际种子产业园等重大项目，甘州区、临泽县获评创建国家农业现代化示范区。工业经济方

面，持续推进强工业行动，聚力发展综合能源、新材料和农产品精深加工业。中能绿电氢能综合应用示范项目建成投入运行，盘道山、皇城抽水蓄能电站和张掖火电 2×100 万千瓦燃煤机组扩建等重大项目开工建设。第三产业方面，持续做强全域旅游首位产业，六县区全部创建为省级全域旅游示范区，张掖市被评为“最美中国旅游城市”“2021 美丽中国首选旅游目的地”。组织实施数字经济赋能行动、会展产业培育发展行动和现代服务业壮大行动，张掖市被确定为国家骨干冷链物流基地承载城市、甘肃省区域消费中心城市。

清洁能源装机
占比达到 88.3%

高原新城

甘州区第二幼儿园足球课堂

民生福祉不断增进

职业教育年均培训实用技术人才
2.5 万人次以上

“五大县域救治中心” 24 个
“五大县域医学中心” 29 个
临床服务中心 18 个
市级质控中心 34 个

教育事业发生格局性变化，取得历史性成就，学前教育、义务教育、高中阶段教育城乡一体化发展的格局基本形成。高考成绩连续十三年保持全省领先。立德树人展现新作为，全市青少年思想道德建设典型经验在全省推广。卫生健康事业全面发展，截至 2023 年年底，全市有各级各类医疗卫生机构 1404 个，建成“五大县域救治中心”24 个、“五大县域医学中心”29 个、临床服务中心 18 个、市级质控中心 34 个。67 个乡镇卫生院达到国家“优质服务基层行”活动基本标准，14 个乡镇卫生院达到国家“优质服务基层行”活动推荐标准，乡镇卫生院优质护理服务示范病房覆盖率超过 80%。社会救助事业取得显著成就，2023 年张掖将全市 7.15 万困难群众纳入低保或特困供养，实施临时救助 7.15 万人次，开展委托家庭经济状况核对业务 56 万人次。

张掖大剧院承办全省“非遗”展演，大型的彩虹广场舞给彩虹之城增添了无限魅力

文化建设硕果累累

加快形成现代公共文化服务的“张掖模式”和“张掖经验”，连续举办“张掖·敦煌写经艺术节”“张掖市群星艺术节”等系列群众文化品牌活动，承办全国文化馆服务宣传周暨第十届全国地市级文化馆“百馆联动”等全国性文化活动。大型秦腔现代戏《民乐情》相继荣获全国“白玉兰奖”“第十六届文华奖提名剧目奖”“敦煌文艺奖”等奖项,《肝胆祁连》荣获第六届甘肃戏剧红梅奖大赛“剧目奖”第一名。张掖市文艺团体、“非遗”项目传承人先后赴以色列、斯洛伐克、匈牙利、波兰等国进行文化交流、展示展演，山丹烙画传承人周玉梅代表国家赴俄罗斯进行了展演交流。建成市级数字化文化馆、图书馆，张掖市文化馆被确定为国家首批数字文化馆建设单位，是甘肃省首家建成并有效运营的数字文化馆，成功开通中国数字图书馆并成功打造了“书香张掖”微书房等阅读平台。

截至 2023 年年底，成功评定四级“非遗”项目 **417** 项，四级“非遗”传承人达 **744** 人

累计建成各类博物馆、纪念馆 **107** 座

生态底色更加亮丽

张掖市坚决扛起筑牢守好国家西部重要生态安全屏障的政治责任，走出了一条经济发展和生态文明建设相辅相成、相得益彰的路子。2020 年 8 月 20 日，正在甘肃考察的习近平总书记来到中农发山丹马场有限责任公司一场，实地了解马场经营发展和祁连山生态修复情况。习近平总书记说，这些年来祁连山生态保护由乱到治，大见成效。来到这里实地看一看，才能感受到祁连山生态保护的重要性。祁连山是国家西部重要的生态安全屏障，这是国家战略定

位，不是一省一地自作主张的事情。甘肃生态保护工作体现了新发展理念的要求，希望继续向前推进。我们发展到这个阶段，不能踩着西瓜皮往下溜，而是要继续爬坡过坎，实现高质量发展，绿水青山就可以成为金山银山。2022 年，祁连山国家公园体制试点任务全面完成，达到正式批建要求，祁连山生态环境问题整改整治做法入选中组部干部培训案例，祁连山自然保护区荣获 2022 绿色亚太环保成就奖，2022 年张掖市入选全国首批区域再生水循环利用试点城市，被国务院办公厅通报表扬为 2022 年度生态环境领域真抓实干成效明显的市（地、州、盟）之一。

张掖城市湿地全景